四川省国际科技合作现状及发展对策研究

主　编　赵长轶　李其玮
副主编　林　曦　程　强　欧阳峥峥　魏奇峰

四川大学出版社
SICHUAN UNIVERSITY PRESS

图书在版编目（CIP）数据

四川省国际科技合作现状及发展对策研究 / 赵长轶，
李其玮主编． -- 成都 ： 四川大学出版社，2024.8
ISBN 978-7-5690-5344-9

Ⅰ． ①四… Ⅱ． ①赵… ②李… Ⅲ． ①国际科技合作
－研究－四川 Ⅳ． ① F125.4

中国版本图书馆 CIP 数据核字（2022）第 012225 号

书　　　名：四川省国际科技合作现状及发展对策研究
　　　　　　Sichuan Sheng Guoji Keji Hezuo Xianzhuang ji Fazhan Duice Yanjiu
主　　　编：赵长轶　李其玮

选题策划：刘　畅
责任编辑：刘　畅
责任校对：谢　鋆
装帧设计：墨创文化
责任印制：李金兰

出版发行：四川大学出版社有限责任公司
　　　　　地址：成都市一环路南一段 24 号（610065）
　　　　　电话：（028）85408311（发行部）、85400276（总编室）
　　　　　电子邮箱：scupress@vip.163.com
　　　　　网址：https://press.scu.edu.cn
印前制作：四川胜翔数码印务设计有限公司
印刷装订：四川煤田地质制图印务有限责任公司

成品尺寸：170 mm×240 mm
印　　张：10
字　　数：193 千字

版　　次：2024 年 8 月 第 1 版
印　　次：2024 年 8 月 第 1 次印刷
定　　价：58.00 元

扫码获取数字资源

四川大学出版社
微信公众号

前　言

在科技进步日新月异、市场环境复杂多变的新形势下，国际科技合作实践日益丰富多彩，同时也给我国加大国际科技合作、交流和引进先进的科学技术带来了前所未有的机遇。四川是西部领跑且在全国具有重要科技影响力的科技创新大省，国际科技合作在四川科技创新与发展中起到了至关重要的作用。

四川省委省政府高度重视国际科技合作。2018 年 12 月，四川省人民政府印发的《四川省技术转移体系建设方案》提出按照"四向拓展、全域开放"立体全面开放新态势推动技术转移开放合作，加强我国与"一带一路"沿线国家、欧美国家的国际技术转移合作；2019 年 3 月 22 日，四川省科学技术厅召开厅系统国际科技合作保密工作培训会，深入分析了国际科技合作保密工作重要性、保密法相关工作要求等，并且针对性地对重点实验室、国际科技合作基地等重要平台对外交往、引进和派出科技人员等方面提出了保密要求和工作建议，表现出对于国际科技合作及成果的重视；2019 年 5 月 23 日通过的《中国（四川）自由贸易示范区条例》提出以自贸试验区为平台，鼓励在川高校与境内外高校、科研机构开展交流合作，同时，建设国别产业合作园区，加强国际科技合作，促进协同创新、自主创新。此外，四川省通过在各市州增建不同等级的国际科技合作基地、积极组织申报研发计划项目等方式促进国际科技合作，提升全省科技创新水平。但四川省在国际科技合作发展中未能完全体现区域特色，现有研究对四川省国际科技合作的探索也不多。因此，分析四川省国际科技合作现状与未来走向，提炼四川国际科技合作的特点，探索提升四川省国际科技合作实力的发展对策，进而促进经济发展和社会进步具有重要的现实意义与实践价值。

基于此，本书以"国际科技合作"为研究主题，采用文献分析、实地调研、案例研究、定性与定量相结合等研究方法，探索四川省国际科技合作的发展政策为研究目标，主要内容安排如下：

第一，运用文献分析法对全国及四川省国际科技合作的历史沿革进行梳理，对国际科技合作的研究现状与发展趋势进行分析，并结合四川省的历史背景，对其与"一带一路"沿线国家的相关国际科技合作研究进行整理。

第二，对四川省国际科技合作的现状进行全面调查，包括两部分内容，一是从投入与产出的角度对四川省国际科技合作的整体情况进行调研，二是对政府、高校及科研机构、企业等合作主体采用问卷调查与深度访谈的形式进行调研，全面掌握四川省国际科技合作的现状。

第三，运用文献分析法和实地调研法对国内外国际科技合作做得比较出色的国家和地区进行分析，为推动四川省国际科技合作提供借鉴。

第四，结合新时期四川省面临的新形势，以及前期的理论分析和调研的主要结论，提炼四川省国际科技合作的竞争优势，提出四川省国际科技合作的战略选择。

第五，探索四川省国际科技合作的发展特色，提出促进四川省国际科技合作的政策建议。

需要指出的是，本书是四川省软科学课题"四川省国际科技合作现状调研与发展对策研究"的研究成果，在项目调研、数据收集和政策分析的过程中得到了四川省科技厅的大力支持。自项目立项以来，四川省科技厅国合处与项目组开展了多次研讨，对本书的撰写提出了很好的建议。

最后要强调的是，本书出版是众多老师、朋友及机构帮助与支持的结果。第一，本人要感谢四川大学商学院各位领导、老师的培养和帮助，以及对本人相关研究的持续支持。第二，本人要感谢四川大学、西南石油大学、成都理工大学、四川省统计局、中国科学院成都文献情报中心的各位老师和同学在本书撰写过程中付出的大量努力。第三，本人要感谢本书所参考的所有文献作者，他们的研究成果为本书的出版奠定了坚实的基础。第四，感谢四川大学出版社参与本书编辑出版工作的各位编辑，是他们的努力和尽责使本书能够及时出版面世。

赵长轶

2024 年 1 月 7 日于四川大学

目　录

第一章 研究背景与意义

一、研究背景

国际科技合作被认为是促进科技、经济与社会发展的重要手段，是两个或两个以上国家的合作主体通过一定的合作方式对科学技术与知识开展借鉴、融合与创新等科技活动的方式。随着知识经济的发展与经济、科技全球化进程的不断加快，国际间合作竞争日趋激烈。日益密切的跨国科技合作与交流推动了科学技术的快速发展，加速了科技成果的转化，有效促进了经济、社会的发展，国际科技合作愈发受重视。世界各国纷纷通过国际科技合作来寻求将最具优势的生产要素和最先进的科技成果与本国优势进行重新组合和配置[1]，以降低科研成本、节约学术资源、提高科研效率与学术竞争力等[2]，进而获得最佳的经济效益。

在科技进步日新月异、市场环境复杂多变的新形势下，国际科技合作实践日益丰富多彩，同时也给我国加大国际科技合作、交流和引进先进的科学技术带来了前所未有的机遇。自20世纪80年代提出改革开放的政策方针以来，中国国际化的进程日益加快，国际科技合作规模、范围及深度不断加大，科技人员参与国际科技合作的数量不断增多，与国外科技人员合作产出的国际论文数量和国际专利数量也大幅提升[3]，国际科技合作在中国科技创新发展中发挥着

[1] Beaver D B D, Rosen R. Studies in scientific collaboration [J]. Scientometrics, 1979, 1 (2): 133-149.

[2] 郑佳. 基于专利分析的中国国际科技合作研究 [J]. 中国科技论坛, 2012 (10): 144-149.

[3] 刘云, 白旭. 中国在新兴技术领域的国际科技合作模式及其影响因素 [J]. 技术经济, 2016, 35 (01): 1-8, 21.

至关重要的作用。自党的十七大以来中国坚持对外开放的基本国策，将"引进来"与"走出去"相结合，国家首倡的"一带一路"合作倡议、《"十三五"国际科技创新合作专项规划》等倡议和政策的提出均为我国各省国际科技合作提供了良好的条件。

四川省是西部领跑省份，是在全国具有重要科技影响力的科技创新大省，国际科技合作在四川技术创新与发展中起到了至关重要的作用。为贯彻落实国家创新驱动发展战略，充分利用全球科技创新资源，四川省通过与国家政府之间进行的科技合作项目和交流，实施国际间的科技交流与合作的规划，加大国外先进技术以及人才等方面的引进力度，吸引资金投入等。政策方面，2016年《四川省激励科技人员创新创业十六条政策》的出台，一方面加大了政府对创新人才引进的支持力度，对境外引进的高层次人才，在岗位激励、项目和平台建设等方面给予持续支持；另一方面，完善了引进创新人才的配套服务，建立党政领导干部直接联系人才机制，支持各地和重点园区普遍建设创新创业服务平台，为引进人才提供专业化服务，为引进人才就诊医疗、子女入学和住房保障等提供服务。四川省科技厅发布的《四川省技术创新工程实施方案（2017—2020年）》及2018年6月召开的四川省第十一届委员会第三次全体会议都强调加强国际创新合作，并提出推动全域开放合作，提高创新能力与水平，主动融入"一带一路"倡议等途径以推动四川省科技发展，构建"四项拓展、全域开放"的立体全面开放格局。2018年12月，四川省人民政府印发的《四川省技术转移体系建设方案》提出，按照"四向拓展、全域开放"立体全面开放新态势推动技术转移开放合作，加强与我国港澳地区以及"一带一路"倡议沿线国家、欧美国家的国际技术转移合作。2019年3月22日，四川省科学技术厅召开厅系统国际科技合作保密工作培训会，就国际科技合作保密工作重要性、保密法相关工作要求等方面做了深入分析，并且针对性地对重点实验室、国际科技合作基地等重要平台的对外交往以及引进和派出科技人员等方面提出了保密要求和工作建议，表现出了对于国际科技合作及成果的重视。2019年5月23日通过的《中国（四川）自由贸易示范区条例》提出以自贸试验区为平台，鼓励在川高校与境内外高校、科研机构开展交流合作。同时，建设国别产业合作园区，加强国际科技合作，促进协同创新、自主创新。此外，四川省通过在各市州增建不同等级的国际科技合作基地及积极组织申报研发计划项目等方式促进国际科技合作，提升全省科技创新水平。尽管国际科技合作是促进科技发展公认的良药，四川省也响应国家号召出台一系列区域发展战略促进国际科技合作，但在我省的国际科技合作发展中未能完全体现区域特色及存在合作基础薄弱、合作项目相对较少等问题。因此，了解四川省国际科技合作现状与未来走向，正确认识四川国际科技合作的特点与存在的不足，探索有针对性的发展对策与建议以提升本省科技实力，进而促进经济的发展与社会的进步具有重要的现实意义与实际价值。

二、研究意义

科技发展离不开合作，开展国际科技合作可获得国外最新的研究成果和创新成果，利用他国的技术优势、人力资源和资金促进国家或区域在某项技术领域取得重大突破，从而加快四川省国际科技的发展与进步，有助于四川省贯彻落实国家深入推进西部大开发、"一带一路"倡议和长江经济带发展的政策方针，统筹资源、聚焦重点、拓展自身发展空间，加快建成国家创新驱动发展先行省和创新型四川。

（一）把握四川经济快速发展契机

"一带一路"倡议、建设南向通道等是四川省经济快速发展的契机，通过扩大"一带一路"倡议沿线国家、南向通道沿线国家等国家间科技合作的广度和深度，加深他国对我国科学技术水平和优势学科的认知，为中国与沿线国家经济、贸易、文化等交流合作提供技术上的保驾护航[①]。参与"一带一路"倡议及南向通道建设，凸显了四川省科技人文交流的重要职能。四川省属于西部领跑省份，但与北京、上海、广东等发达地区相较，国际科技合作科技实力还较弱，因此四川省应掌握自身优劣势，把握契机，借国际科技合作之力不断弥补自身在科学、技术、产业、人才、体制机制等方面的不足，逐步向全球产业链、价值链和创新链高端迈进，以提升四川省的国际竞争力，推动经济社会发展。

（二）提高产业科技创新竞争力

科技进步是产业结构进行优化的重要推动力。快速提升产业科技进行创新的能力，以及自身的核心竞争力，进一步发展国际科技合作，是符合现今区域经济发展的必要途径。近年来四川省的科学技术已取得有效的成果与进展，但

---

① 闫春，李斌."一带一路"背景下深化中国国际技术合作的对策［J］.河北大学学报（哲学社会科学版），2018，43（02）：116-125.

在诸多领域，与科技先进发达国家进行比较时，仍存在很大的差距，与国内的先进地区进行比较，也存在一些差距。我们应该继续以国际科技合作为渠道，加大对国内外资金方面，以及人力技术方面的利用效率，通过积极开拓科技联合研发工作，提升四川省进行科技创新和技术发展的能力。

（三）利用全球先进科技资源，打破资源环境约束

随着科学技术全方位扩展，许多科技问题日趋复杂，规模、成本、风险往往较高，国际科技合作有助于有效地配置创新资源，降低投资风险并使收益最大化。国际科技合作的蓬勃发展使得科技资源在全球范围内流动与重组，许多国家与地区在合作过程中获益，利用全球的科技资源转移重组促进本土产业的优化升级。

此外，近年来我国的经济得到高速发展，现代化的程度得到进一步加快，资源的利用都与这些有相当密切的关系。传统的粗放型的经济增长方式，造成我国各省资源消耗过量，环境情况进一步恶化，使原本就相当脆弱的资源环境情况，承受了更大的压力，如四川省水资源紧缺、能源供求之间矛盾突出等。若四川省经济发展仍以牺牲环境、过度使用资源作为代价，必将影响经济的可持续发展。由此，以国际科技合作为途径，有利于资源节约及循环利用的技术的研究和开发，借科技的进步提升资源的利用效率，降低环境污染。

（四）立足四川，探究"本土"国际科技合作模式与对策

知识经济背景下，四川省技术创新发展势头强劲，国际科技合作是进行科技创新的重要途径之一，要有效利用国际科技资源必须立足本土经济社会发展及需求，这样才能真正推动科技整体水平的提升。本研究旨在对四川省国际科技合作现状进行归纳并对其未来如何提升合作效率提供一些思路。首先，总结四川省企业、科研机构、政府的发展成效，了解现今科技合作现状与未来走向并掌握合作的特点；其次，找出限制其发展的影响因素，此外基于对四川省国际科技合作现状的总结与分析，进一步提出有针对性的发展对策，以进一步扩大四川省与他国之间科技合作的广度与深度，提升科技创新水平。

（五）加大创新人才引进，为本省发展提供支撑

人才是创新的根基，创新驱动实质上是人才驱动，谁拥有一流的创新人才，谁就拥有了科技创新的优势和主导权。要让四川省实现加快发展，尤其是国际科技合作方面的发展，人才引进和培养是重要的工作。要通过国际科技合

作，参加国际学术会议，与境外创新人才进行交流访问，共同发表学术论文，提升我省人才的创新力和竞争力，同时，要引进境外先进人才对本省科技合作提供指导，建成技术领先、人才聚集、示范引领的国际化创新合作平台，为本省发展提供支撑。

综上所述，四川省国际科技合作现状与发展对策研究立足于四川发展实际，对国际科技合作现状的整体评价，探索合作过程中的限制因素并提出实践性强的发展对策，以充分利用国际创新资源，在更大范围与更高层次上提升四川省国际科技合作与技术创新水平，推动四川高质量发展。

第二章　国际科技合作的历史沿革与研究综述

一、国际科技合作的基本概念

"国际科技合作"本身是一个很宽泛的概念。顾名思义，它是指在国际之间所进行的科学技术方面的合作与交流。目前，中国国际科技合作不断向广度和深度发展。而作为一个法律范畴，国际科技合作是指两个或两个以上不同国家或地区之间的法律主体按照彼此的约定、共同参加的国际条约或者根据国际惯例，就涉及科学技术活动所进行的相互交流、配合与协作。Andrej 将国际科技合作定义为：不同国家和地区的研究者、大学、企业之间进行的学术交流、合作研发、交换研究成果，或者参与其他国家大型科技计划，在不同国家实验室之间建立长期的合作关系。[①] 傅建球认为国际科技合作的行为还包括合作国家之间建立研究实验室，资助世界各国科研活动，向有需要的研究人员提供相应的实验器材或设施，国际援助，国际合作开发，国际技术转让，在不同国家建立研发机构等。[②]

国内学者李艳华等认为国际科技合作是由两个或者两个以上国家的法人或自然人按照所签订的协议在制定的科学技术领域进行的相互配合与协作。[③] 赵振江则认为国际科技合作是指不同国家的法律主体之间，就两个或多个国家的

---

① Andrej Juris. Development of Competitive Natural Gas Markets in the United State [DB/OL] World Bank Other Operational Studies, 2010: 178 - 183.

② 傅建球. 国际科技合作新趋势对中国科技发展的挑战及其对策 [J]. 科学管理研究, 2005, 23 (01): 42 - 46.

③ 李艳华. 中欧科技合作的现状与前景 [J]. 中国科技论坛, 2003 (01): 141 - 144.

技术研究和科技开发形成的权利和义务责任关系。① 除此之外，陈传夫、杨林村、吴声功等学者从不同角度对国际科技合作进行了详细界定。② 国际科技合作的目的在于在世界范围内寻求以最有优势的生产要素和最先进的科技成果与本国的优势重新组合与配置，以取得最佳的经济效益。③

二、国际科技合作发展历程及政策演变

（一）中国国际科技合作的发展历程及政策演变

1978 年，我国政府做出了改革开放的重大决策，在加大经济对外开放的同时，把加强国际科技合作当作国家科技事业发展的一项重要任务来抓。之后，我国出台了一系列政策和措施，按照"平等互利、成果共享、保护知识产权、遵从国际惯例"的原则，以双边、多边等形式，深入广泛地开展国际科技合作。在政府的大力引导和支持下，我国的国际科技合作与交流蓬勃发展，已由改革开放初期的人员一般往来，后来的项目合作发展到当前的以我为主、全方位、多层次、宽领域的国际科技合作形势。

一般说来，改革开放以来我国的国际科技合作的发展历程和政策演变可分为三个阶段：1978—1985 年，恢复国际科技合作事业；1985—2000 年，全面开展国际科技合作；2000 年至今，互利共赢地开展国际科技合作。

1. 第一阶段（1978—1985 年）：恢复国际科技合作事业

改革开放以前，我国与外国政府间科技合作与交流主要是与第三世界和一些东欧国家进行，与发达国家之间只有少量的民间交流项目。这期间开展的国际科技合作主要是在"文化大革命"之前开展的。"文化大革命"期间，我国科技事业遭受重创，国际科技合作处于低谷。

1976 年 10 月，历时 10 年之久的"文化大革命"结束。"文化大革命"的 10 年，正是世界新技术革命迅猛发展的 10 年。中国人从 10 年噩梦中醒来，发现外面的世界已经发生了翻天覆地的变化。这时，中国改革开放的总设计师邓小平及时做出了改革开放的英明决策，并提出要大力发展国际科技合作和交

① 赵振江. 国家利益主导下的科技政策发展趋势分析 [J]. 科学学研究，2006，24（12）：395 – 398.
② 陈传夫. 国际科技合作模式探析 [J]. 中国科技产业，2007（5）：97 – 100.
③ 刘秋生，赵广凤，彭立明. 国际科技合作模式研究 [J]. 科技进步与对策，2007，24（02）：38 – 40.

流。中国的国际科技合作事业进入恢复阶段。

1978 年 3 月，全国科学大会在北京隆重召开，邓小平在大会上指出："提高我国的科学技术水平，必须坚持独立自主、自力更生的方针。但是，独立自主不是闭关自守，自力更生不是盲目排外。……我们要积极开展国际学术交流活动，加强同世界各国科学界的友好往来和合作关系。"① 在 1978 年召开的全国科学大会上，我国通过了《1978—1985 年全国科学技术发展规划纲要》，提出要"加强国际科技合作和技术交流"。规划纲要提出：要"邀请外国科学家、工程技术专家来华讲学"，要"加强我驻外机构的科技调研工作"，要"积极参加国际学术组织和国际学术会议等学术活动"，要"积极地、有计划地派遣科学技术人员等出国学习、进修、考察"等。在此时期，我国确定了该阶段国际科技合作的具体方针，调整了对科技外事工作的归口管理，建立了引进人才工作管理体制，加强了驻外机构的科技调研。

（1）国际科技合作的方针。

1978 年 8 月，我国召开了全国第一次科技外事工作会议，提出要"解放思想，全面开展对外科技活动"的科技合作方针。1981 年 8 月召开的第二次全国科技外事工作会议修订了对外科技合作与交流的方针，即："在独立自主、自力更生的前提下从国内实际情况出发，讲求实效，认真学习各国对我国适用的先进科学技术和科技管理经验，积极、稳妥、深入、扎实地开展国际科技合作与交流活动，为发展我国国民经济和科学技术服务。"这一方针在全国第一次科技外事工作会议提出的"解放思想，开展活动"的基础上向深入、扎实的方向前进了一步。

（2）科技外事工作归口管理体制的调整。

"文化大革命"之前，我国的国际科技合作由国家科学技术委员会（国家科委）负责管理。"文化大革命"期间，科技工作秩序和业务被破坏和打乱，国家科学技术委员会并入中国科学院，有关与第三世界国家及苏联、东欧国家的科技合作工作由对外经济联络委员会归口管理，有关参加国际科技会议事项由外交部管理，有关与西方的民间科技交流由中国科学院管理。这种分散管理的局面既不利于国内的协调管理，也不利于统一对外，外交部率先将参加国际科技会议事项交回国家科委。1979 年，对外经济联络委员会行文国家科学技术委员会（1977 年，中共中央批准重新建立国家科学技术委员会），提出把其

① 邓小平. 在全国科学大会开幕式上的讲话［EB/OL］. 共产党员网, https://www.12371.cn/2021/02/02/VIDE16/224968230/484.shtml.

归口管理的外事工作移交给国家科学技术委员会。经过国务院的协调，1984年7月，国家科学技术委员会开始负责全国科技外事工作的计划协调、管理和统一对外，各主管部门和各省、自治区分别按专业和地区组织项目的管理工作。

（3）人才引进工作管理体制的建立。

1983年7月，邓小平同志提出"要利用外国智力，请一些外国人来参加我们的重点建设以及各方面的建设"①。同年8月，中共中央、国务院联合发出《关于引进国外智力以利四化建设的决定》。同年9月，国务院颁发《关于引进国外人才工作的暂行规定》，为了加强人才引进工作，决定成立中央引进国外智力工作领导小组，下设办公室。1988年，中央国家机关进一步实行机构改革，撤销中央引进国外智力工作领导小组，成立国务院引进智力工作领导小组，办公室设在国务院外国专家局。其工作任务除了为履行合同来华进行技术服务的外国经济技术专家和进行短期科技交流活动的专家服务之外，还要负责审批全国聘请外国技术、管理、文教专家的计划以及工商企业与经济管理部门派遣人员出国实习、培训的计划，并组织实施。1993年，国务院精简直属机构，取消国务院引进智力工作领导小组及其办公室，其工作任务由国家外国专家局负责，受人事部领导。

（4）驻外科技机构管理体制的调整。

在此期间，驻外科技干部的归口派遣业务也从中国科学院移交给国家科学技术委员会管理。为此，国家科学技术委员会于1978年3月与中国科学院、外交部联合发布了《关于驻外科技干部派遣和管理由国家科委归口管理的通知》。国家科学技术委员会经与外交部、对外贸易部商量，决定在我国一些驻外使领馆设立科技处或科技组。第一批先在驻英、法、德、日四个使馆和驻美联络处设立科技处，在驻其他西方国家的使馆设立科技组。之后逐步扩大驻外网点，在我国驻苏、捷、波、民主德国、印度以及巴西使馆设立了科技处。

在政策的大力推动下，我国国际科技合作从"文化大革命"的重创中逐步恢复过来，恢复了与苏联的科技合作关系，与东欧国家的科技合作从恢复开始走向稳定发展，与联合国系统机构等国际科技组织之间的科技合作和交流有了较大的发展，同时，与西方发达国家政府间的科技合作也开始进行。

---

① 邓小平．利用外国智力和扩大对外开放［EB/OL］．共产党员网，https://www.12371.cn/special/dxpwx/d3j.

2. 第二阶段（1985—2000 年）：全面开展国际科技合作

随着我国对外开放的扩大，我国的国际科技合作进一步发展和扩大。为进一步促进国际科技合作事业，完善和规范我国国际科技合作体系，我国出台了一系列国际科技合作政策和措施。1986 年出台的中长期科技发展规划《1986—2000 年科技发展规划》提出了进一步加强国际科技合作和技术引进的政策措施，指出要应进一步抓紧组织制定统一的技术引进政策和规划，切实加强技贸结合，要特别重视引进软件，使引进技术和引进人才相辅相成。在这一时期，我国国际科技合作政策进一步加强和规范了技术引进工作；加强对合办研究开发机构的指导和管理；做出了积极加入国际科技组织的决定；规范了国际科技合作交流中的知识产权保护问题；切实加强了技贸结合，大力推进中国科技产品和技术出口。

（1）加强和规范技术的引进和吸收工作。

随着我国的改革开放，西方国家视我国为潜在的原料供应基地和产品销售市场，积极开拓对中国的贸易，并希望以科技合作为渠道来发展贸易关系，我国出现了引进西方设备和技术的高潮。为进一步加强和规范我国的技术引进和吸收工作，1985 年，国务院出台了《技术引进合同管理条例》和《中华人民共和国技术引进合同鼓励条例实施细则》，1988 年，对外经济贸易部发布《签订与审批技术引进合同指导原则》和《中华人民共和国技术引进合同管理条例实施细则》。同时，为加强引进技术的消化吸收，1986 年，国务院出台《引进技术消化吸收工作条例》，1986 年，国家经济贸易委员会启动"引进技术消化吸收重大项目计划"并于 1987 年 2 月发布《引进技术消化吸收重大项目计划管理的若干规定》。

（2）加强对中外合办研究开发机构的指导和管理。

20 世纪 90 年代以来，外国企业和科研单位（特别是跨国公司）为了增强自身的竞争力，争夺我国市场，开始到我国来合资或独资开办科研机构。据不完全统计，到 1997 年 5 月，全国已有合办研究开发机构 56 个。为加强对合办研究开发机构的指导和管理，国家科学技术委员会 1997 年 9 月发布了《关于设立中外合资研究开发机构、中外合作研究开发机构的暂行办法》，对合办研究开发机构的条件、审批办法、合同内容、权利与义务、奖励与惩罚等做了具体规定。之后，各地方也都出台了鼓励外资设立研发机构的办法或规定，如北京 1999 年出台了《北京市鼓励在京设立科技研究开发机构暂行规定》。

（3）积极加入国际科技组织。

国际科技组织，是各国科技界之间开展交流，促进科技发展的重要组织形式，也是展示各国在国际科技界影响和地位的重要舞台。在这个阶段，党中央和国务院对我国加入国际科技组织和科学家参加国际科技会议的工作做出了重要指示，国家科学技术委员会1986年正式颁布了《关于参加国际科技组织的若干规定》，旨在通过科技政策引导，促进我国科技组织和国家科技组织之间的交流和合作，并加强我国在国际科技社会的发言权。该规定对参加国际科技组织的条件、申请手续、复审批程序、组织管理、会费等做了具体规定。据原国家科学技术委员会1993年统计，新中国成立前我国参加的国际科技组织有10个，1950年至1977年累计70个，1978年至1993年达850个之多。

（4）规范国际科技合作交流中的知识产权问题。

改革开放前，尽管我国于1950年8月颁布了"保障发明权和专利权暂行条例"，但未能认真贯彻执行。改革开放后，我国与西方国家之间的合作与交流日益增多，由于我国没有执行专利制度，对方不愿在生产技术和高新技术领域与我国进行深入合作。在签订具体合作项目协议时，对成果的处理也只有成果分享的原则性条款。我国科技人员在国外做出的成果，常被对方按所在单位的成果处理，得不到分享成果的权利。1995年2月国家科学技术委员会制定了《关于对外科技合作交流中保护知识产权的示范导则》，确立了"平等互利""相互尊重""遵守各国国内法规"以及"以协议为根据"的一般性原则，以指导各部门、各地区处理国际科技合作交流中涉及的知识产权问题。

（5）切实加强技贸结合，大力推进中国科技产品和技术出口。

国家科学技术委员会在1986年召开的第四次全国科技外事工作会议上，提出科技外事工作要把推进中国科技产品和技术出口当作一项重要任务。各部门、各地区都十分重视这项工作，在开展国际科技合作交流的同时，注意科技合作促进经济合作，推进对外科技经济一体化。1994年6月，国务院转批了《关于加快科技成果转化、优化外贸出口商品结构的若干意见》，明确指出促进贸工技结合，加快科技成果商品化、产业化，是优化我国出口商品结构，提高出口商品技术含量和技术附加值的重要举措，这对我国外贸出口在国际竞争中不断发展具有重要意义。这些政策允许国家级高新技术产业开发区成立有外贸权的公司。此外，1993年，国家科学技术委员会、对外经济贸易部联合发布了《赋予科研院所科技产品进出口权暂行办法》，并赋予首批100家科研院所外贸经营权，这对于扩大科研院所自主权、促进技贸合作和国际交流起到了积极的引导和推动作用。1997年12月，两部委又联合发布了《关于加快赋予科研院所和高新技术企业自营进出口权的特急通知》，进一步放宽申请自营进出口经营权的条件，以支持科技产品出口和国际技术贸易活动。

在这个阶段，我国的国际科技合作范围、内容、领域、形式等方面都取得了很大进展，形成了对外合作的基本格局。合作范围从改革开放初期的以发展中国家为主发展到包括西方发达国家在内的世界主要国家；合作内容在最初比较单一的科学研究、技术引进的基础上，开始了更广泛的产业研究开发等；合作领域从最初的传统领域发展到生物技术、空间技术、信息技术、自动化技术、激光技术以及新材料、新能源等高新技术领域；合作形式从最初的人员往来和技术引进发展到联合开展研究项目、中外联合在华或在外合办科研机构。一个多层次、多渠道、多形式的全方位国际科技合作新局面基本形成。

3. 第三阶段（2000 年至今）：互利共赢地开展国际科技合作

进入 21 世纪，科技问题越发复杂，很多都是全球性问题，其范围、规模、成本和复杂性远远超出一个国家的能力，开展国际合作成为研究开发的内在要求。同时，我国经济、社会、科学技术高速发展，综合国力空前提高，科技创新能力也大大提高。中国不仅已经成为吸引世界各国投资者的一个重要的国度，而且也成为世界上科技创新关注的重点国家。国际和国内环境的变化对我国的国际科技合作带来新的机遇与挑战。在此背景下，我国确立了互利共赢，全方位、多层次、宽领域开展国际科技合作的政策方针。在此时期，我国国际科技合作政策表现出四大特点：从国家战略层面上推动国际科技合作；加大国际科技合作力度，设立国际科技合作专项经费；积极参与并牵头组织国际大科学大工程计划；加强对发展中国家的技术援助。

（1）从国家战略层面上推动国际科技合作。

2000 年，我国制定了首个国际科技合作发展纲要——《"十五"期间国际科技合作发展纲要》，对我国"十五"期间的国际科技合作做出了总体部署和安排，提出要提升合作层次，加快实现从一般合作与交流向主动利用全球科技资源的战略转变。2002 年，中共十六大报告中明确提出，要"在更大范围、更广领域和更高层次上参与国际经济技术合作和竞争"。2006 年，国家科学技术部发布了《"十一五"国际科技合作实施纲要》，围绕建设创新型国家的总体目标和《国家中长期科学和技术发展规划纲要》的重点任务与要求，提出了"十一五"期间国际科技合作的战略转变和重点合作领域。战略转变包括：战略目标要从一般性国际科技合作转向以《国家中长期科学和技术发展规划纲要》（后简称《规划纲要》）为目标、以需求为导向的国际科技合作，合作方式要从注重项目合作转向整体推进"项目—人才—基地"相结合，合作内容要从注重技术引进转向"引进来"和"走出去"相结合，合作主体要从以政府和科研机构为主转向政府引导、多主体共同参与，任务确立要从"自下而上"的立项机制转向以《规划纲要》为导向的"自上而下"的立项机制。重点合作领域包括：能源、水资源和环境保护技术等领域；重大疾病防治技术、中医药、生物医药开发技术等提高人民健康水平的领域；信息技术、新材料技术、先进制造技术等领域；生命科学、纳米技术、空天技术、海洋技术、基础学科和科学前沿等领域。

作为我国自然科学技术方面的最高学术机构，中国科学院高度重视国际科技合作。2001年，在中国科学院国际科技合作工作会议上，路甬祥院长对于中国科学院的国际科技合作提出了新要求。2005年4月，中国科学院发布了《关于加强国际科技交流合作的指导意见》。2007年3月，中科院正式颁布了其历史上第一个国际科技合作规划——《中国科学院国际合作发展规划（2006—2010年）》，明确了创新三期中科院国际合作工作的指导思想、基本目标、重点任务和保障措施。

其他部门也围绕自己负责的中心工作，提出了其国际科技合作的重点任务和优先领域，如卫生部确定的优先领域包括重大传染病防治技术、重大慢性病防治技术、公共卫生领域防控技术、诊断与检验关键技术等；环保局确定的优先领域包括区域性环境污染、跨界流域水污染控制与水环境管理等；各地方也按照《"十一五"国际科技合作实施纲要》的指导原则和总体要求，围绕各地方经济、社会与科技发展的需求、热点和重点任务，研究部署各自在"十一五"期间的国际科技合作，如黑龙江提出到2010年要完成以对俄科技合作为重点的国际科技合作平台和基地建设等。

2011年，科技部发布了《国际科技合作"十二五"专项规划》，提出了10项重点任务，以及具有开拓性的合作模式和机制。例如，针对不同国别制定国家国际科技合作战略，加强中美高层科技战略对话、强化中俄高层定期会晤机制、推动落实中欧科技伙伴计划、积极推动中日韩联合研究计划、加强中国—拉美创新论坛等国别和区域合作机制。在合作对象方面更加注重有针对性地制定国别战略和合作重点，这标志着合作的针对性更强，合作机制设计趋于精细化。

2017年，国家正式发布《"十三五"国际科技创新合作专项规划》，其中"创新合作"首次出现于规划的主题，这意味着合作的范畴更加广泛，从科学技术扩展到创新领域，也意味着规划的内容更加具有包容性。"十三五"规划提出了4项主要目标：一是构建面向全球的科技创新体系，支撑和引领经济社会发展重大需求；二是初步建成具有国际影响力和吸引力的科技创新聚集地；三是形成互利共赢、共同发展的国际科技创新合作新局面；四是支持企业深度参与国际科技创新合作。

总的来说，我国国际科技合作的战略演变主要呈现以下几个趋势：

第一，紧扣国家发展需求作为宗旨。不同时期的国际科技合作发展规划均基于当时国家社会和经济发展的重要需求而制定，如早期的《八年科技规划纲要》，后来的《国家中长期科学和技术发展规划纲要（2006－2020年）》《国家创新驱动发展战略纲要》等，可见国际科技合作规划基于国家整体发展的战略和需求，是国家发展需求的一种动态体现。

第二，合作目标始终围绕国家经济社会发展和科技实力提升。在历次规划中都提及了国际科技合作对获取全球科技资源、提升国家科技水平和综合竞争力，满足国家建设需求的重要性。早期的国际合作目标主要围绕支撑国家经济社会发展和提升国家科技水平。"十二五"时期，开展国际科技合作的使命和目标有所丰富。履行大国责任、应对全球共同挑战、支撑国家总体外交等使命得到了强化。中国国际科技合作不仅出于国家内政的需要，也担负在国际舞台"亮相"的使命。

第三，合作模式和布局逐渐走向多元化和机制化。从早期以人员交流和技术引进为主的合作模式，逐渐发展成为全方位、广领域、多层次的合作架构。纵向上采取项目—基地—人才相结合的全链条模式，不仅设立国际科技合作专项资金和项目，还陆续创建了国际创新园、国际技术转移中心等合作基地，有利于提升国际科技合作的效果和可持续性。横向上针对不同国别和区域根据其特点采取不同的合作机制，如针对大国采取"创新对话""联合研究中心"机制、针对发展中国家的"科技伙伴计划"等。个性化合作更加具有针对性，合作的成功率也更高。如今已经形成包括人员交流、技术转移、联合研发、共享资源、政策对话、规划制定等多种形式的合作，中国国际科技合作的立体化、精细化布局正在走向成熟。

第四，合作中的角色从学习者向主导者转变。新中国成立初期，国家经济落后，科技实力薄弱。在国际科技合作中，我国科研人员在相当长一段时间内扮演学习者和执行者的角色。这与中国与合作国在合作中的投入不对等、能力不对等有关。随着我国经济和科技实力的快速上升，这种不对等的局面正在发生变化。联合研发、技术输出等形式日渐成为合作的重要形式，我国科研人员具有开展"以我为主、对等合作"的基础和实力。在量子通信等领域，我国已经走在世界的前列，有望发起和主导相关的国际合作。在农业领域，我国的成熟技术已经成功实现了向其他国家的转移并得到好评。

（2）加大国际科技合作力度，设立国际科技合作专项经费。

2000 年以前，我国没有设立国际科技合作专项经费。随着我国经济和科技的快速发展，我国政府认识到，必须设立国际科技合作专项经费，以便更多地开展以我方为主的合作项目。

2001 年，国家科学技术部设立了"国际科技合作重点项目计划"。该计划是国家层面上第一个、也是唯一的国际科技合作计划，旨在通过整合、统筹，充分利用全球科技资源，提高自主创新能力的对外国际科技合作与交流平台。2006 年，国际科技合作与交流专项经费增至 3 亿元，比 2001 年增加了 10 余倍。2007 年，加上新增对俄合作专项经费 1 亿元，国际科技合作与交流专项经费增至 4 亿元。为强化计划的管理，科学技术部起草了《国际科技合作计划管理办法》，完善了"国际科技合作计划管理系统"，实现了与科学技术部科技计划一站式服务系统的全面对接。通过国际科技合作计划的实施，我国在一些重大技术方面取得了突破，申请了一些专利，制定了一些国际标准、国家标准和行业标准等。

进入 21 世纪，国家自然科学基金委员会更加重视国际科技合作，投入的经费也越来越多。1987 年，国家自然科学基金委员会投入的国际科技合作经费仅为 300 万元，2005 年，该数额增长到 9100 万元，20 年间经费总投入达 6.82 亿元人民币，其中"十五"期间的投入达 4.05 亿元人民币，是"九五"期间的 2.1 倍。2011 年，国际科技合作专项经费已达 18 个亿。截至 2018 年，中国的国际科研经费年均增长高达 16.7%，排名上升到第二位，超越日本，仅次于美国。

（3）积极参与并牵头组织国际大科学计划和大科学工程。

国际大科学计划和大科学工程在科学的发展中发挥着关键的基础作用，并且与国家的长远利益、综合国力、国际地位和外交实力密切相关，因此，各国都重视牵头组织或参加大科学计划。进入 21 世纪，我国国际科技合作战略强调要重视积极参与国际大科学大工程计划。《"十五"期间国际科技合作发展纲要》提出的主要任务之一就是"支持参与大科学和大型国际研究计划"。《"十一五"国际科技合作实施纲要》继续提出："要积极参与或组织国际大科学计划和大科学工程，合理分享国际前沿科技成果。"

在政府的大力支持下，我国积极参与并牵头组织了一批前沿的国际大科学计划和大科学工程，如人类基因组计划、"伽利略"计划、国际热核实验反应堆计划、人类蛋白质组计划（其中的人类肝脏蛋白质组计划由我国科学家首先提出并牵头组织）、人类脑计划、全球对地观测系统、地球空间双星探测计划等，取得了重大突破，为提升我国科技水平、更深层次地参与全球科技合作与竞争、提高我国国际影响力发挥了重要作用，同时也为世界科技的发展做出了贡献。

同时，为加大中国在国际大科学计划中的主导地位，中国政府决定结合中国的优势领域启动一些重大的国际大科学计划。2006年7月，科学技术部会同卫生部、国家中医药管理局发布了《中医药国际科技合作规划纲要》，正式启动"中医药国际科技合作计划"。这是第一个由中国政府倡议制订的国际大科学工程研究计划。2007年11月，中医药国际科技合作大会在北京胜利召开，来自41个国家、地区和国际组织近500位代表参加了会议。与会各国代表共同发表了《中医药国际科技合作北京宣言》，就政府间推动更广泛的中医药国际合作达成共识，并组建成立了中医药国际科技合作专家委员会的筹备委员会。2007年11月，科学技术部与发展改革委员会联合举办了"可再生能源与新能源国际科技合作计划"的新闻发布会，正式启动可再生能源与新能源国际科技合作计划。

2018年，国务院印发《积极牵头组织国际大科学计划和大科学工程方案》，有利于发挥我国主导作用，为解决世界性重大科学难题贡献中国智慧、提出中国方案、发出中国声音、提供全球公共产品，为世界文明发展做出积极贡献。这有利于面向全球吸引和集聚高端人才，培养和造就一批国际同行认可的领军科学家、高水平学科带头人、学术骨干、工程师和管理人员，形成具有国际水平的管理团队和良好机制，打造高端科研试验和协同创新平台，带动我国科技创新由跟跑为主向并跑和领跑为主转变；有利于建立以合作共赢为核心的新型国际关系和构建全球伙伴关系网络，对落实国家整体外交战略发挥积极作用。

（4）加强对发展中国家的技术援助。

科技援助是科技外交的重要组成部分。通过科技援助开展国际外交，改善国际形象，开拓国际市场，获取多方利益，是很多国家的成功经验。随着中国经济和科技的迅速发展，我国把对发展中国家的技术援助作为我国国际科技合作的一项重要任务。《"十一五"国际科技合作实施纲要》提出，要"积极开拓对外科技援助的渠道和形式，扩大技术输出和高技术产品出口"。中国科学院《关于加强国际科技交流合作的指导意见》也提出要"有重点有计划地组织科技援外项目和培训项目"。

自2001年到2006年间，科学技术部共主办了176个发展中国家技术培训班，影响一届比一届大，共有90多个国家的2947名管理和技术人员参加了培训，领域涉及农业与农机、新能源、医药与医疗、汽车与化工机械、信息技术、环境资源等，获得了国际上的一致好评。同时，中国政府针对亚非发展中国家的实际情况，大力开展科技示范项目和科技展，收到了很好的效果，如2006年中国在津巴布韦实施了太阳能热利用示范项目，该项目为利用太阳能技术解决非洲的能源问题提供了典范。

近年来，中国为落实联合国2030年可持续发展议程和国家可持续发展议程，积极对其他发展中国家开展国际技术援助，如组建国家国际发展合作署，其作为国务院的直属机构，负责拟定对外援助战略方针、规划、政策，统筹协调援外重大问题并提出建议，推进援外方式改革，编制对外援助方案和计划，确定对外援助项目并监督评估实施情况等。2018年，全长752.7公里的联通埃塞俄比亚和吉布提的电气化铁路正式通车，这条铁路被视为是落实"一带一路"倡议和中非合作论坛约翰内斯堡峰会"十大合作计划"的早期收获，也是中非"三网一化"（高速铁路网、高速公路网、区域航空网、工业化）和产能合作的标志性工程。

改革开放四十余年来，在国际科技合作战略和政策的指引下，我国国际科技合作逐渐发展壮大并走向成熟。目前，我国已与世界上96个国家和地区签订了103个政府间科技合作协议或政府间经济、技术合作协议，一个较为完整的政府间科技合作框架已经形成。国际科技合作已经成为国家外交工作的重点内容，服务国家外交的作用日益显现。

（二）四川省国际科技合作发展历程

近年来，四川省围绕科技创新和对外开放，积极开展国际科技合作交流工作，充分利用国际国内科技创新资源，推进高水平国际科技合作平台建设，扩大对外科技交流合作，组织开展科技合作研发，促进国际技术转移，不断拓宽合作渠道，有效提升了创新能力。

在国际科技合作基地建设方面，截至2018年底，四川省共有国家级国际科技合作基地22个，省级国际科技合作基地56个。其中，本年度新认定四川省智能制造国际联合研究中心等10家基地为四川省国际科技合作基地。在集聚国际创新资源、开展联合研发、转化合作成果、引进和培养人才、促进国际技术转移等方面取得了初步成效，在带动全省国际科技合作工作中发挥了重要作用。

在国际创新合作平台建设方面，2018年，意大利国家研究委员会化学与材料技术部与四川省技术转移中心、四川西部国际技术转移中心签署了合作备忘录，共同建立中国（四川）—意大利新材料国际技术转移平台，推进四川与意大利在高分子材料与工程、金属、无机材料、纳米材料、陶瓷材料、生物医用高分子材料等新材料领域的技术转移合作。以色列英菲尼迪集团在成都建立以众创空间，对接以色列、美国、英国、德国创新孵化器、创意孵化中心和金融技术孵化中心，提供国际化的孵化服务。该孵化器已通过科技部备案成为国家级众创空间。

在国际合作研发方面，截至 2018 年底，围绕五大高端成长型产业和我省具有基础、优势和特色的重点领域，在新材料、生物医药、新能源汽车等领域组织实施国家级国际科技合作项目 29 项，省级国际科技合作项目 94 项，通过合作实现了资源整合利用，取得了一批国际领先或填补国内空白的合作研究成果，提升了我省研究开发水平。其中，四川国纳科技有限公司承担的国家国际科技合作专项项目"先进复合生物材料与临床产品联合研发"与荷兰屯特大学在先进活性生物陶瓷制备方面开展合作，研发出具有优异的生物活性、生物相容性、生物安全性且具有自主知识产权的独立支撑型复合骨植入物和填充型复合骨植入物，并联合四川大学华西医院开展支撑型产品临床试验，有效推动了我省先进生物材料和临床产品研究的发展。四川大学承担的国家国际科技合作专项项目"生物牙根构建及功能评价合作研究"通过与日本东京齿科大学合作研究，在生物牙根构建及功能评价上取得了具有国际领先水平的研究成果，为开发国际性生物牙根产品和产业健康发展奠定了坚实的技术基础。成都中医药大学承担的国家国际科技合作专项项目"视网膜图像分析技术与中医眼诊系统的合作研究"通过与美国威斯康星大学合作，将西医眼科诊疗先进技术与我国传统中医眼科诊疗理论相结合，形成了现代中医眼科诊疗系统，并成功运用于临床。

在与我省的重要合作伙伴韩国进行合作方面。通过举办一系列中韩创新创业活动和各层次的交流互访，促成了一批项目落地。省科技厅与省外侨办、成都高新区管理委员会在韩国首尔举办四川创新创业推介会暨合作项目签约活动，共有 8 个合作项目实现签约。成都市政府在首尔举办了创业天府菁蓉汇韩国专场活动，深化中韩在创新创业领域的合作。由科技部、共青团中央、四川省政府、韩国未来创造科学部主办的首届中韩青年创新创业大赛 2016 年 6 月24 日在成都举行，来自中韩两国的 16 支参赛团队和风投机构、孵化器及企业代表 500 余人参加了本次活动；2016 年 8 月 24—27 日举办的中韩（成都）高新技术展洽会吸引 16 家韩国企业以及全省 70 多家高校、科研机构和企业约150 人参加；2016 年 10 月 20—21 日举办的中韩尚新技术产业对接会围绕支持跨境技术转移、促进企业合作发展的主题进行了深入交流，现场成功对接项目

10 余项；由科技部、省政府和韩国未来创造科学部共同举办的第六届中韩科技创新论坛于 2016 年 12 月 20 日在成都召开，论坛以"创新创业合作共赢"为主题，分别就科技创新政策、纳米、生物、信息与通信技术等四个主题进行了研讨。成都高新区菁蓉国际广场入驻华韩孵化器、蓉韩创业孵化器 2 家中韩众创空间，优化了中韩创新创业环境，入驻韩资创业企业 28 家，有意向入驻的中韩创新创业项目 40 个。

在举办国际交流对接活动方面，2018 年组织产学研机构赴意大利参加第七届中意创新合作周，成功举办创新合作周推介会，促进了与意大利创新合作及区域创新对接。与省对外友协等共同承办了中法地方创新创业论坛，促进中法高新区、企业等的交流合作。以成都高新区、成都国际技术转移中心为依托，成功举办第十一届中国—欧盟投资贸易科技合作洽谈会。促成四川省政府与以色列经济部签署关于研究开发和科技创新合作的协议，为切实推进四川与以色列的科技创新合作建立了合作机制。在法国举办了中法未来青年科技型企业领袖座谈会，时任国务院副总理刘延东出席并见证成都高新区与索菲亚科技园签订建立姊妹园区的战略合作协议，启动了创业导师计划，推动了高新技术园区之间的创新创业合作。

在进行国际科技援助方面，依托四川农业大学、科伦药业、省自然资源科学研究院、中科院水利部成都山地所等产学研机构，拓展与"一带一路"倡议沿线国家的科技合作，与孟加拉国、哈萨克斯坦、尼泊尔等国相关机构在现代农业、生物医药、减灾防灾等领域开展技术援助与合作；推进四川铁投集团在厄立特里亚建设农业科技园，完成了园区初步规划和农业科技需求调研；举办了"铁路建设技术国际培训班"，对来自非洲、西亚国家的学员进行了技术培训。

总体来说，四川省目前的国际科技合作已经取得了一系列令人瞩目的成就，但是还存在着一系列问题。第一，政府积极推动民间的国际科技合作，积极举办各类国际科技合作的相关活动，但是收效甚微。第二，目前进行的国际科技合作主要集中于国有大中型企业，小型企业即便有进行国际科技合作的想法，限于没有资源、平台、资金等条件，也无法进行国际科技合作，而这也是民间国际科技合作热情不够高涨的原因所在。第三，对于目前已经取得的国际科技合作成果的实用性存疑，即该科研成果能否应用于市场，创造经济效益还存在疑问。合作各方在国际科技合作中投入了较大的人力、物力、财力，倘若不能转化为经济效益，则这样的国际科技合作是无根之木，无本之源，难以长久。

三、国际科技合作的相关研究与发展趋势

（一）国际科技合作的理论支撑

在科技全球化背景下，国家之间的联系和相互依赖日益加深，国际科技合作的实践蓬勃发展，因此，在实践过程中运用理论引导国际科技合作的实践与政策制定具有重要的意义。国际科技合作是以政府引进、企业为重要主体的国际间活动，目前在国内外未能统一相关国际科技合作的理论，但存在很多与国际科技合作相关的理论，如全球一体化理论认为任何一个国家都不能够独立于其他国家而取得发展；分工协作理论认为各个国家的取长补短能够促进科技的进步与经济的发展；比较优势理论认为国际科技合作的过程需考量合作方间的比较优势而采取不同的策略；技术转移理论则考虑国际科技合作是减小各国技术差异的举措，参与国际科技合作能够承接合作国家的技术转移等。

1. 全球一体化理论

在经济全球化和国际区域经济一体化进程速度愈来愈快的今天，任何一个国家都不能够独立于其他国家而取得发展。现在的世界是开放的世界，中国的发展也离不开世界。唯有在不同程度上参与到多种形式、多种方式、多种对象的国际科技合作之中，中国才能够了解世界信息、掌握世界跳动脉搏，才能够为国家科技发展和建设中国特色国家创新体系服务。进行国际科技合作，不仅能够实现合作各方经济和科技实力强劲、可持续和平衡增长，而且能够有利于世界经济早日摆脱经济危机的消极影响。

戴维·米特朗尼是全球一体化研究的先驱，其指出："以广泛分布的国际活动和机构网络来遮盖政治单位，通过这些活动和机构，所有国家的利益和人群将逐渐地融为一体。"即通过建立各种形式的合作，将世界所关注的焦点从政治分歧的问题转移到沟通和技术标准等问题上，以改变人们对合作的态度，培养合作的意识，或者使某一功能领域内进行的经济合作扩展到其他领域（科技领域），从而实现更大范围、更加深入的合作，最终形成文化共同体。

四川作为中国的经济大省、人口大省、自然资源大省、教育科技和文化旅游大省，在国家战略发展中具有重要地位和作用。然而四川省在相关领域的科技能力还处于落后阶段，只有积极融入全球一体化进程，才能通过积极参与国际科技合作与交流，获得先进科学技术的经验，提高四川省整体的科学技术水平。

2. 分工协作理论

国际科技合作是分工协作的一种形式。一方面通过国际科技合作，合作各方可以弥补自己的劣势，学习对方的长处，并且在国际科技合作中可以创造出新的知识。另一方面，经济的增长离不开科学研究的快速发展。要实现科学技术的进步必须走国际合作的道路，这已经成为世界各国、各地区的共识。

20世纪70年代以来，随着经济发展、国际分工的深化，发达国家的产业内分工、产业内贸易比重逐渐增加。国际分工是指世界各国（地区）之间的产业分工，随着国际贸易的发展和各国（地区）经济联系的增加，最终形成的国际生产体系。亚当·斯密在《国民财富的性质和原因研究》中提出如果各国都按照各自有利的生产条件进行分工和交换，使各国的资源、劳动力和资本得到最有效的利用，将会大大提高劳动生产率及增加物质财富。基于分工协作理论可知，四川省通过国际科技合作，可以充分学习双方互补性的科学技术，充分利用引进技术的国际示范、扩散效应，增强自身科技自主创新能力；此外，通过专业化的分工，可以使合作方的科技资源得到有效配置，并在较大程度上提高劳动生产率。

3. 比较优势理论

国际科技合作，对于比较优势较小的国家可以弥补自身生产要素缺乏、科技创新与应用能力较弱的缺陷，同时也是一种新的制度安排。对于比较优势较大的国家，则可以通过技术输出，产业输出，与其他国家建立良好的合作关系，获得更大的收益报酬。任何国家或地区无论科技资源、实力如何，都应该在国际科技合作过程中充分利用"互补性"，最终实现双赢。在四川省国际科技合作实践过程中要考量本省及合作方的科技实力，取彼之长，补己之短。

大卫·李嘉图于1817首次提出比较优势理论，其认为每个国家在贸易过程中都应当以"两利相权取其重，两弊相权取其轻"为原则，出口具有比较优势的产品，进口不具有比较优势的产品。然而该理论不适用于具有同等优势或同等劣势性质的贸易。在此基础上，瑞典经济学家伊·菲·赫克歇尔等提出了著名的要素禀赋论。该理论认为，国际贸易的直接基础是同种产品在不同国家的相对价格不同，而相对价格不同是由生产要素禀赋不同导致的。在生产某种产品的过程中，若所投入的生产要素的相对价格低于他国同种生产要素的相对价格，则认为该产品具有比较优势。在比较优势理论中比较优势的来源及"两优取其重，两劣择其轻"的比较优势原则不仅是指导国际贸易的基础，还在国际科技合作的诸多方面有着较为广泛的一般适用性。

4. 技术转移理论

国际科技合作作为技术转移的一种方式，对于缩小发达国家与发展中国家的技术差距具有重要意义。技术转移广义上是指技术在国家、地区、行业内部以及技术自身系统内输出与输入的过程。经济合作与发展组织（OECD）将国际间的技术转移定义为："一国做出的发明（包括新产品和新技术）转移到另一国的过程。"在国际科技合作过程中，发达国家必须保持较高的创新进程，才能保持自己的竞争优势地位。而发展中国家本身在技术领域处于弱势地位，只有不断学习发达国家的先进科技，不断追赶，才有超越的可能。推力与拉力的双重作用使得全球科技发展一直保持较高的水平。技术转移理论则阐明国际科技合作产生的动因及结果。有关技术转移的理论主要有：技术转移选择理论、技术差距理论、需求资源关系理论与中间技术论。

技术转移选择论认为，企业在生产要素供给能够得到满足，出口又能获得最大利益的条件下，一般倾向于选择直接投资。只有当投资收益无法实现最大化或直接投资遇到阻碍时，才会考虑技术转移；技术差距论提出科学技术是独立于劳动和资本的一种非常重要的生产要素，国际技术转移的很大一部分原因可以归咎于不同国家间的技术差距；需求资源关系理论认为一国发展经济及其经济活动受该国国民的需求（N：Needs）和该国或地区资源（R：Resources）关系的制约，需求与资源之间关系的不适应是促进技术革新的动力，也是国际技术转移的原因；中间技术论（中间技术是介于先进技术与传统技术之间的技术）则认为技术的首要任务应当是减轻人们为了保持生存和发挥潜力而不得不承受的工作负担。对于发展中国家而言，其二元经济与就业问题突显，其在技术引进过程中应当充分考虑本国的国情，选择易吸收转化的中间技术。

基于上述理论对国际科技合作的动因影响分析，四川省在推进国际科技合作实践中应充分考量本省行业、企业的技术实力与合作方之间的差距，在此基础上选取重点开展合作领域及制定适合本省国情的技术引进与合作战略。例如，与科技实力存在较大差距的国家或地区合作过程中可采用跟随型技术合作战略，相关企业等行为主体追随高技术合作方开展技术合作活动，充分发挥后发优势，对新技术、新产品加以选择、改进和提高。

5. 博弈论视角下的国际科技合作

著名经济学家张维迎指出："不论是利他的还是利己的，理性人获得最大化的偏好时，相互合作是前提，但在合作中又有冲突存在。"国际科技合作中合作国家或地区在进行博弈选择时最重要的依据则是利润的最大化。合作双方应当利用对方的策略改变自己的对抗策略，以使自己获得最大的利润。在国际科技合作中合作方的科技、经济实力不尽相同，对于实力相对较强的合作方而言，希望通过展开科技合作扩大自身在合作领域的影响力、利用合作方具有比较优势的科技资源；反之，实力较弱的一方则希望通过展开科技合作充分学习和引进先进技术、提高自身自主创新能力。

在博弈论理论视角下假设实力强的一方为 A，实力弱的一方为 B，在博弈过程中达成合作协议则实现双赢，记此时的收益组合为（1，1）；反之，若 A、B 双方均不同意展开科技合作，则对彼此都不利，记此时的收益组合为（-1，-1）；如果 A 担心先进技术转移到 B 后使得自身利益受损，不愿意开展合作，而 B 愿意合作，那么 B 则会遭受损失，记此时的收益组合为（-2，2）；如果 A 愿意合作，而 B 出于政治需要或其他原因不愿意与 A 展开科技合作，且无法从任何其他第三个国家或组织中获得技术援助，此时的收益组合则记为（2，-2）。如此，便可得到表 1-3.1 所示的博弈矩阵：

表 1-3.1　两方科技合作收益博弈矩阵

双方	B（合作）	B（不合作）
A（合作）	（1，1）	（2，-2）
A（不合作）	（-2，2）	（-1，-1）

可见，A、B 各自最大收益是 2，最大的损失是 -2，A、B 的最大利益与合作利益是不一致的，两国合作时能够获得同样的收益，不合作时遭受同样的损失，即两国之间的合作博弈存在两个均衡解（1，1）和（-1，-1）。假设 A、B 在博弈过程中无法达成一个具有约束力的协议，即无法通过协商来约束和规范彼此的行为，那么双方的科技合作博弈可以看作是一种非合作博弈。在非合作博弈中，个体理性与团体理性、个体最优决策与团体最优决策是矛盾的，因此其结果可能是有效率的，也有可能是没有效率的。克服这种矛盾的方法一般有两种，一是通过多次博弈，使合作双方最终达到最优均衡；二是合作双方间达成一种具有约束力的强制性协议，使非合作博弈转变为合作博弈。

通过对以上国际科技合作相关理论的介绍，为四川省进行国际科技合作提供理论基础和研究支撑。四川省不仅要加强与发达国家的国际科技合作，还要积极建立与发展中国家的国际科技合作关系。四川省要深度开展国际合作与交流，积极探索合作新模式，在更高层次上参与国际合作，在此基础上加快培育和发展战略性新兴产业，提高其国际影响力和国际竞争力。

（二）国际科技合作的研究综述

1. 国际科技合作的模式

模式是解决某一问题的方法论。国际科技合作的模式研究就是研究通过科技合作的手段，利用国际创新资源，从而提升自身科技创新能力的方式方法。[①] 国内外许多学者与政府实践者对国际科技合作模式进行了探讨与研究。从模式分类看，由于采取的分类标准和划分依据的不同，国际科技合作运行模式的类型也不尽相同，具体可以从科技合作渠道、合作目的、合作内容、合作组织等方面来分类。叶乘伟提出国际科技合作根据对不同国家或地区之间的人力、物力、资金和信息等科研生产要素的空间组织形式以及相互联系的紧密程度不同可划分为五种合作模式，分别为互换型合作模式、互补型合作模式、分布式合作模式、矩阵式合作模式以及虚拟合作模式。[②] 黎小兰结合镇江市企业发展的实际情况从企业角度提出重点推广以引进技术为内容，实现二次开发的合作模式；大力推广以交流互访为内容，实现联合研发的合作模式；积极引导以引进设备、核心部件为内容，实现产品产业化的合作模式等国际科技合作的基本模式。刘秋生等认为当前国际科技合作已经形成了多种多样的模式，从不同角度划分有不同的模式。从合作渠道来看，可以分为"中外"型、"中中外"型、"中外外"型；从合作目的来看，可以分为 R&D 型、二次开发型、技术辐射型、产品产业化型等；从合作内容来看，可以分为互访交流型、引进核心技术或产品型、引进设备型、引进核心部件型、引进材料型等；从合作组织来看，可以分为民间合作型、政府间合作型、混合型等。吕磊、汤苍松在对北京市的内资企业、外资企业、高校、科研院所、政府有关部门和中介做的深度访谈与问卷调研的基础上提出主题计划引导式、园区平台式、中介推动式、会展引导式等合作模式。[③] 周婕峥结合中国的实际国际科技合作现状，提出囊括合作主题、合作主体、合作共识、合作兴趣、合作资源、合作人才、合作效率、合作效用 8 个要素的新型国际科技合作模型和机制，详细分析了国际科技合作的三个水平层次，在此基础上将新型国际科技合作归类为盈利性合作和公

---

① 王小勇. 国际科技合作模式的研究——文献综述与来自浙江的实践 [J]. 科技管理究，2014，34（05）：25 – 29 + 34.

② 叶乘伟. 当代国际科技合作模式研究 [D]. 南宁：广西大学，2005.

③ 吕磊，汤苍松，马军. 创新型城市推动国际科技合作的模式研究 [J]. 科研管理，2008（29）：75 – 79.

益性合作两类，并给出政策建议。①

2. 国际科技合作的问题与对策

（1）政府及国家层面。

国内学者基于我国国际科技合作现状，提出科技合作过程中存在的问题及对策建议，如戴艳军认为我国国际科技合作目前存在国际科技合作经费短缺、合作质量不高、合作自主性差、重点不突出等一系列问题，并提出提高政府对国际科技合作的经费投入、重视对引进项目的消化吸收、提高国际科技合作的自主性、突出重点等对策建议以提高我国国际科技合作效率。② 连燕华提出促进我国科学研究国际合作的建议：增加国际合作交流的经费投入；启动大科学国际合作专项费用；探索和建立项目、机构评审的全球化机制；支持在国内召开的国际会议和接受国外客座研究人员、访问学者；充分利用海外的华人科学家和留学人员来促进国内研究工作的发展。③ 李红军等认为与发达国家的国际科技合作相比，我国的国际科技合作还处在高成本、低产出、被动引进、出卖智力的阶段。因此，今后我国开展国际科技合作应该做好以下几点：做好顶层设计工作；政府投入为主，鼓励企业投入；提高引进质量，加快消化吸收；改善科研软环境，注重智力引进；发挥自主性，扩大影响力。④ 傅建球认为随着国际科技合作新趋势的不断发展，其对我国政府的作用、国家科技体制和科研环境、国家科学研究、产业研发、国家安全、知识产权建设等提出了严峻的挑战。面对挑战，我们应该积极调整政府在国际科技合作中的作用；深化科研体制改革，全面推进科技体制创新；形成有层次的国际合作交流体系；积极调整企业国际科技合作；加强国家的安全建设和高度重视知识产权建设。国外学者多从国家层面探讨国际科技合作现状及问题等，如 Y. Yamashita 等提出可能合作指数，用于评价科技合作并结合法国与日本的合作数据，通过分析模拟研究两国的合作模式。⑤ Klaus Schuch 等从政策条件角度入手对欧盟与中亚的科

① 周婕峥. 构建我国新型国际科技合作机制研究 [J]. 科学研究管理，2015（33）：119 - 122.

② 戴艳军. 中国国际科技合作的现状与对策 [J]. 科学学与科学技术管理，2001（12）：20 - 22.

③ 连燕华. 科学研究全球化与我国科技发展的战略对策 [J]. 科研管理，2000（22）：97 - 101.

④ 李红军，高茹英. 科技全球化背景下国际科技合作及其对我国的启示 [J]. 科技进步与对策，2011（28）：14 - 18.

⑤ Yamashita Y, Okubo Y. Yoshiko O. Patterns of scientific collaboration between Japan and France. Inter-sectoral Analysis Using Probabilistic Partnership Index [J]. Scientometrics，2006，68（2）：303 - 324.

技合作现状与问题进行研究。① R. Armijos 基于外部环境对非洲、拉丁美洲等国家的科技合作进行分析，研究其合作动机以及面临的挑战。②

（2）企业层面。

企业与行业是国际科技合作的主要组成部分，在国际科技合作中发挥着重要作用。由于企业与行业数量多且数据难以收集，因此相关研究数量较少。李小兵从经济和科技全球化背景下企业国际科技合作的战略地位入手分析指出我国企业对外科技合作存在科技合作深度不够、质量不高、合作对象狭窄、企业自身科技创新能力不强、缺乏国际科技合作的高素质人才等一系列问题，并针对存在的问题提出提高企业的技术创新能力、培育发展大企业和跨国公司、加大人才培养力度、建立国际科技交流与合作市场等对策建议。③ T. J. Davis 等通过人才的角度对企业国际科技合作进行分析研究，并表明在合作中需进一步重视人才的培养。张美林指出我国企业国际科技合作过程中存在企业研发实力有待提升、合作研究项目的总体水平不高、与发展中国家企业的科技合作不足等一系列问题，并提出将增强企业的创新能力作为政府支持的重点、提升企业国际科技合作的层次、鼓励企业开辟新的合作领域、建设国际科技合作的人才队伍等对策建议。④ T. J. A. Peng 等通过对目标企业的分析，从竞争关系的角度分析国际科技合作关系，并表明竞争与合作直接存在相互促进的关系。⑤

（3）高校院所层面。

A. Basu 与 R. Aggarwal 研究国际科技合作对大学的影响，并表明合作发表论文成果对提升合作绩效存在较强影响。⑥ J. C. Smeby 与 J. Trondal 以挪威三所大学为研究对象，研究其国际科技合作模式及政策条件、环境条件与合

① Schuch K. Enhancing science and technology cooperation between the EU and Eastern Europe as well as Central Asia: a critical reflection on the White Paper from a S&T policy perspective [J]. Journal of Innovation & Entrepreneurship, 2012, 1 (1): 3-16.

② Armijos R, Guarda T, Piedra L. Ethical Evaluation of International Regimes and Challenges for Scientific-Technological Cooperation in the Global South [C] // International Conference of Research Applied to Defense and Security. Springer, Cham, 2018: 244-253.

③ 李小兵. 我国企业国际科技合作现状及对策研究 [J]. 企业技术开发, 2005 (6): 59-61.

④ 张美林. 企业科技创新的国际合作动力与政府激励措施研究 [D]. 武汉: 华中科技大学, 2009.

⑤ Peng T J A, Pike S, Yang C H, et al. Is Cooperation with Competitors a Good Idea? An Example in Practice [J]. British Journal of Management, 2012, 23 (4): 532-560.

⑥ Basu A, Aggarwal R. International Collaboration in Science in India and its Impact on Institutional Performance [J]. Scientometrics, 2001, 52 (3): 379-394.

作之间的关系。① 郑如青在对北京大学化学与分子工程学院和北京大学医学部的 SCI 论文发表情况进行分析的基础上说明国际合作对北京大学科研发展的作用，并就深入发展国际科技合作提出构建高水平专业团队、各职能部门协同合作等若干建议。② L. Li 等通过对 15 所高校的合作伙伴以及相关人力、资本等资源的研究，提出大学的国际科技合作的主要模式是资源的充值与技术跨境转移。③ 来诗卉认为从国家层面应该给予研究型大学国际科技合作提供多元投入以及创造更多的合作机会，应进一步加强研究型大学国际科技合作的自主性。④ 从学校层面来说，要加强研究生大学开展国际科技合作的制度建设，建立鼓励教师和科研人员开展国际科技合作的评估激励机制，及注重在国际科技合作中结合优势学科的建设和发展。李晓宇、夏松指出当前我国高校科技合作存在着重视不足、人才匮乏、激励机制不健全等问题。⑤ 为促进我国高校开展国际科技合作，建议各级政府对国际科技合作计划形成统一规划、资源整合，以提高效率。高校应重视国际科技合作，明确发展战略，改革、健全激励机制，鼓励科研人员参与国际竞争，理顺和完善国际科技合作内部管理机制，加强国际科技合作专业化管理队伍建设，完善信息系统，强化知识产权保护措施。

（4）地区层面。

魏达志通过对沪杭甬地区开展的国际科技合作进行研究，提出了三地进行国际科技合作的启示与借鉴：根据自身特点形成国际科技合作模式。⑥ 上海模式的具体做法是以合作基金作为抓手，以支持前瞻性合作研究作为主线，以国际合作研讨会作为载体，以强化管理和完善服务作为目标，以外事接待和高层次出访作为契机，开拓创新，与时俱进，扎扎实实地推动上海对外科技合作与交流活动的蓬勃开展，为强化上海科技进一步融入世界的亲和力，实现科技跨越式发展。此外，注重引进跨国公司总部、区域总部和研发中心。上海将引进

---

①　Smeby J C, Trondal J. Globalisation or Europeanisation? International Contact among University Staff [J]. Higher Education, 2005, 49（4）：449 – 466.

②　郑如青. 北京大学科研国际合作的成效与发展对策 [J]. 北京大学学报, 2010（46）：851 – 854.

③　Li L, Feng Z, Gao X. Correspondence Analysis in International Sci-Tech Cooperation Patterns and University Resources [J]. Journal of Service Science & Management, 2011, 04（2）：215 – 221.

④　来诗卉. 研究型大学国际合作科技创新的研究 [D]. 杭州：浙江大学, 2012.

⑤　李晓宇, 夏松. 我国高校国际科技合作发展研究 [J]. 中国高校科技, 2015（9）：12 – 14.

⑥　魏达志. 我国开展国际科技合作的总体状况与发展趋势 [J]. 科技管理研究, 2005（5）：1 – 4.

跨国公司总部和区域总部、跨国公司研发中心作为国际科技合作的重中之重。截至 2003 年底,上海已经引进跨国公司总部和区域总部 45 家,特别是对具有研发功能的跨国公司总部提供有利条件,如企业若具有研发项目和人员,经上海市科委认定符合资金技术双密集企业,可以享受高新技术企业的优惠条件。同时,注重建立富有自身特色的会展品牌。对外科技合作必须突出重点兼顾其他。善于利用各种资源开展国际科技合作。领导重视形成共识,健全机构加大投入。重视推动民营科技企业的对外科技合作。关皓元、曾路通过对广东省当前的国际科技合作现状进行研究,以及对比周边省市,结合当地实际情况,提出了对外国际科技合作的具体建议:组织开展对外科技合作专项,促进重点领域关键核心技术突破;积极参与国际重大科学研究计划,提升广东科技实力和国际地位;推进对外科技合作平台载体建设,引领辐射带动区域科技创新发展;重视国际人才的培养和引进,形成创新发展人才支撑体系。① 冶刚、王宇红、张瑞瑞认为陕西的国际科技合作应以科学的路径选择理论为指导,认清自身在合作路径实践中的优势与劣势,统筹"丝路"沿线的有利科技资源,综合运用加强大项目合作、深化人文科技交流、畅通科技金融渠道、搭建科技合作平台等手段,创新陕西新起点国际科技合作的路径,促进陕西经济和社会的可持续发展。② 邵丽珍、季庆庆以江苏省常州市为例对其国际科技合作项目等进行调查,从而对地级市国际科技合作现状及存在问题进行分析,在此基础上提出国际科技合作能力提升的建议与对策。③

3. "一带一路"视角下的国际科技合作

"一带一路"倡议要求以科技创新为支撑,加强中国与"一带一路"沿线国家的科技合作,以推动中国产业转型升级。国际科技合作作为"一带一路"倡议的重要组成部分,是当今学者深入探讨的热点问题。王友发、罗建强运用文献计量学的方法对近 40 年来中国与"一带一路"沿线国家科技合作的总体发展态势、学科领域分布、合作依存性等分析发现,中国与"一带一路"沿线国家的科技合作呈增长趋势,合作学科领域分布较广,在三国及以上多国合作中,中国的主导地位较弱,仍处于相对"从属"地位,并提出应加强政策

① 关皓元,曾路. 国际科技合作理论与政策实践评述及对广东的启示 [J]. 科技管理研究,2016,(11):37-41.

② 冶刚,王宇红,张瑞瑞. 陕西国际科技合作的路径选择——基于建设丝路经济带新起点视角 [J]. 陕西行政学院院报,2017 (31):120-125.

③ 邵丽珍,季庆庆. 基于项目的地方国际科技合作能力提升路径研究——以江苏省常州市为例 [J]. 科技管理研究,2017,37 (23):119-124.

引导、加强多国合作、注重优势互补，讲好中国故事，提高中国科技合作的主导地位。① 宋振华梳理相关研究，研究范畴主要涉及基础理论研究（包括合作动机、合作的环境因素、政策条件、人力资源条件、管理机制、合作模式等），他发现这些研究呈现出一定的多元性、融合性、现实性和实证性。② 邹磊立足上海市发展定位并结合"一带一路"沿线国家实际需求，借鉴其他省市实践经验，提出应从合作平台、联合研发、技术转移、产业投资、创新人才、科技金融等方面协同推进，打造服务"一带一路"科技创新合作的桥头堡。③ 俞建飞等从合作目的、合作形式、合作内容三方面对比了巴西与中国的农业科技合作机制，在此基础上提出"一带一路"背景下中国农业国际科技合作的战略定位和发展对策。④ 黎贞崇针对我国地方科研院所的特点，深入分析地方科研院所开展国际科技合作的可行性，提出地方科研院所开展国际科技合作的原则、方法和策略。⑤

4. 其他

除上述研究外，部分学者通过探究其他国家国际科技合作实践以供经验参考，如陈强通过对主要发达国家的国际科技合作进行研究。美国国家科学基金会主要通过科技计划开展对外合作，合作领域包括地球科学、生命科学等。⑥ 美国长期以来重视对国外高端优秀人才的引进及利用，实施了成功的国际人才战略，加速了美国科技发展进程；欧盟的国际科技合作主要体现为欧盟框架计划的开放性，即欧盟成员国与第三国的科技合作。日本国际合作计划主要包括交流合作计划、年轻研究人员国际交流计划、邀请海外研究人员到日本计划、与国外科技促进机构合作计划、建立研究教育中心计划。研究者认为中国应做好顶层设计，协同开展科技合作；培养全球意识，有限度地开展科技合作；差别开展科技合作，争取领域标准制定；发挥政府主导作用，加强民间科技合

① 王友发，罗建强. 近40年来中国与"一带一路"沿线国家科技合作态势演变分析［J］. 科技进步与对策，2016（33）：1-8.

② 宋振华. "一带一路"战略下的国际科技合作研究综述［J］. 昆明理工大学学报，2017（17）：1-9.

③ 邹磊. 上海加强与"一带一路"沿线国家科技创新合作研究［J］科学发展，2018（112）：61-70.

④ 俞建飞，徐钰娇，王永春，展进涛. "一带一路"视角下中国农业科技国际合作的战略定位与发展对策——基于中巴机制的比较［J］. 科技管理研究，2018，38（07）：57-62.

⑤ 黎贞崇. "一带一路"倡议下地方科研院所开展国际科技合作的策略［J］. 科技管理研究，2018，38（07）：116-119.

⑥ 陈强. 主要发达国家与地区国际科技合作的做法及启示［J］. 科学管理研究，2013（6）：206-209.

作；制定人才策略，吸引高层次人才。黄日茜、李振兴等通过对德国国际科技合作进行研究发现德国通过国际科技合作，有效整合国外优质创新资源，极大提升了自身的创新效益和效率。经过研究德国开展国际科技合作的组织架构、内容形式、开放程度和资助方式发现，德国围绕其国际科技合作战略为合作对象量身打造合作计划，充分利用全球智力资源。给中国的启示有以下三点：一是将国际科技合作与人才战略相结合，并推进与发展中国家的战略合作；二是注重科技营销和国际科技合作成果的产业化发展；三是改革人才评审制度，为国内和国际人才提供良好的发展机遇。①

综合上述研究发现，各国学者对国际科技合作的研究涵盖基础理论、合作模式及合作条件与问题等方面。对基础理论的研究包含国际科技合作动因、合作领域与合作内容等；对合作模式包含对联合研发、国际学术会议等模式的研究；对合作条件与问题包含对国际科技合作中人才培养条件、环境条件、政策条件等以及合作中知识产权问题、合作制度问题等的研究。

（四）结论与启示

通过总结国际科技合作的相关理论以及对国际科技合作相关文献的梳理，并结合四川省当前的国际科技合作现状，我们认为，有以下几个方面可供四川省借鉴。

1. 政府应加强对国际科技合作工作的顶层设计

欧美等发达国家通常根据国家自身的需求，从国家利益出发，在政府层面与国外具有优势技术水平和科技资源的国家或地区签署双边或多边科技协议，在这些协议的指导下开展对外科技合作。欧盟迄今已与43个国家和地区签署了国际科技合作协议，这些协议通常以通过合作，吸收欧盟以外的科技知识、高新技术和人才以及开拓国际技术市场为目的。据初步统计，到目前为止，美国仅联邦政府各主要职能部门就与110多个国家和地区签署了近900个科技外交方面的协议、谅解备忘录等，美国州政府和地方政府与他国签署的科技外交协议更是无法统计。省委省政府应该做好牵线搭桥的作用，建设国际科技合作的平台，为我省企业、高等院校、科研院所等单位进行国际科技合作创造条件，指引方向。

2. 重视高层次科技人才的引进，充分利用全球智力资源

重视吸引国外人才是国外发达国家技术引进最鲜明的特点。美国曾几次修

---

① 黄日茜，李振兴. 德国国际科技合作机制研究及启示 [J]. 科学论坛，2016 (3)：261-268.

改《移民法》，对于有成就的科学家，不论其国籍、资历和年龄为何一律优先进入美国，这实际上是把在世界范围内争夺人才当作了美国的国策。现在，美国至少每年吸收各种科学家、工程师移民 8 万人，成为世界上人才引进的最大受益国。

我国引进人才政策的应具体体现为：（1）引进外国优秀的科学家和在校学生，激励更多的外国科学家到我国工作；（2）为在国外工作的我国青年科学家创造回国条件，并且为此做好后勤保障工作，改善研究条件和研究待遇，以提高我国对科研人员的吸引力。

3. 形成以政府为主导的多元化的国际科技合作资金投入体系

在政府科技投入总量中，通过专项资金、部门预算等形式，统筹安排各项政策资金需求。并且要重点支持一批国际科技合作项目，对符合我省重点产业发展方向、能迅速形成自主知识产权的重大产业科技攻关项目，由重大产业科技攻关项目专项资金给予支持。通过加大各级政府财政对国际科技合作的投入，引导、鼓励和带动社会各界大幅提高对外科技合作的投入，形成多元化的对外科技合作投入体系。

4. 高度重视技术的引进、消化、吸收、再创新

从发达国家发展的历史进程看，技术引进是提高企业技术水平的重要手段，是发达国家加快经济发展必不可少的因素。尤其是 20 世纪的日本和韩国，它们已成为当代借助技术引进获得经济快速发展的成功典范。引进成熟技术比起自己从头开始研究，可节省巨额的资金与大量的时间。从欧美国家引进大量技术，是"站在巨人的肩膀上前进"，与自主研发相比，具有技术设计思路清晰、研发投入少、开发周期短等优势。因此，我省可通过技术引进，并且结合自身的具体情况，进行技术的消化、吸收以及再创新，形成我省的核心技术。

第三章　四川省国际科技合作整体情况调研

在全球化趋势日益明显的今天，越来越多的重大科学发现需要跨学科、跨领域、跨国界的合作。《中国国际科技合作现状报告》显示，十年间，中国在国际科技合作网络中的地位显著提升，中国国际科技合作取得了"质"和"量"的双重突破。在此背景下，四川省国际科技合作情况也备受科技工作者、科技管理者以及广大公众的关注。

本章节聚焦四川国际科技合作，从国际合作研发支出、国际合作项目、国际合作人员流动情况、国际科技合作论文、海外布局专利合作、国际商标注册、国际标准合作等多个维度，全面揭示四川省科研国际合作现状及发展趋势，并通过对标我国沿海发达省份以及中西部地区科技大省，探寻四川省在国际科技合作方面的地位与影响。

本章节中涉及的相关术语解释如下。

IncoPat 平台：第一个将全球顶尖的发明智慧深度整合，并翻译为中文，为中国的项目决策者、研发人员、知识产权管理人员提供科技创新情报的平台。

InCites：数据库中集合了近 30 年来 Web of Science 核心合集七大索引数据库的数据，拥有多元化的指标和丰富的可视化效果，可以辅助科研管理人员更高效地制定战略决策。

ESI 学科：ESI 学科共 22 个，以期刊主要的研究方向和后续引用的研究方向作为聚类分析的依据。

学科规范化的引文影响力：对不同文献类型、不同出版年、不同学科领域进行归一化后得出的评价指标，是一个十分有价值且无偏的引文影响力指标。若评价指标等于 1，则说明该机构的文献被引表现与全球水平相当；若评价指标小于 1，则说明该机构的文献被引表现低于全球平均水平。

高被引论文：指按照同一年同一个 ESI 学科发表论文的被引用次数按照由高到低进行排序，排在前 1% 的论文。

热点论文：统计某一 ESI 学科最近两年发表的论文，最近两个月里被引用次数进入前 0.1% 的论文。

国家：在国家对比分析时，本章中的"国家"统一指"国家/地区"，即国家或者国家的某个地区。

专利家族：同一项发明创造在多个国家申请专利保护，而产生的一组内容相同或基本相同的专利文献出版物，称为一个专利家族。专利家族可分为广义专利家族和狭义专利家族两类。广义专利家族指一件专利后续衍生的所有不同的专利申请，即同一技术创造后续所衍生的其他发明，加上相关专利在其他国家所申请的专利组合。本章所述专利家族都是指广义的专利家族，专利家族数据都是来自科睿唯安 Derwent Innovations Index（简称 DII）专利数据库中的 DWPI 专利家族。

专利项数与件数：由于本报告所采用的 DII 专利数据库中的记录是以专利家族为单位进行组织的，故一个专利家族代表了一"项"专利技术，如果该项专利技术在多个国家提交申请，则一项专利对应多"件"专利。本书中所提到的专利数量以"项"为单位则代表整个专利家族，以"件"为单位则代表专利家族中的一个专利成员。

欧洲专利局：欧洲专利局（EPO）是根据欧洲专利公约，于 1977 年 10 月 7 日正式成立的一个政府间组织，其主要职能是负责欧洲地区的专利审批工作。欧洲专利局目前有 38 个成员国，覆盖了整个欧盟地区及欧盟以外的 10 个国家。通过欧洲专利局申请并授权的专利，可在欧洲专利局覆盖的全部成员国获得保护。

世界知识产权组织：世界知识产权组织（World Intellectual Property Organization）简称"WIPO"，是联合国保护知识产权的一个专门机构，根据《成立世界知识产权组织公约》而设立。该公约于 1967 年 7 月 14 日在斯德哥尔摩签订，于 1970 年 4 月 26 日生效，中国于 1980 年 6 月 3 日加入了该组织。

PCT 专利：向 WIPO 申请的专利称为 PCT 国际专利申请。根据 PCT 规定，专利申请人可以通过 PCT 途径递交国际专利申请，随后向多个国家申请专利。

最早优先权年：指在同一专利家族中，同族专利在全球最早提出专利申请的时间。利用专利产出的优先权年份，可以反映某项技术发明在世界范围内的最早起源时间。

最早优先权国家/地区：指在同一专利家族中，同族专利在全球最早提出专利申请的国家或地区。专利申请的最早优先权国家/地区可以反映某项技术发明在世界范围内最早起源的国家或地区。例如，某项专利最早优先权国家为欧洲，则表示该专利家族中最早的一件专利通过欧洲专利局提出申请，该项技术起源于欧洲。

一、四川省国际科技合作经费

（一）国际科技创新合作计划与研发经费投入

区域科技研发投入及其水平，对于开展国际合作具有重要的支撑作用。区域的研究总经费及研发强度可反映相关省市的科技研发投入水平，以了解其开展科研国际合作的基础环境。表 3－1.1 显示了 2015—2019 年来四川 R&D 经费内部支出及强度，从表中可以看出，2017 年，全省 R&D 经费总量首次突破600 亿大关，增长迅速，2017、2018、2019 年三年增速均在 13% 以上，特别是 2019 年，四川 R&D 经费逼近 900 亿，较上年增速约为 18.2%，R&D 经费投入强度也达到最高的 1.87%。这为四川实施创新驱动发展提供了有力支撑。

表 3－1.1 四川 2015—2019 年 R&D 经费内部支出及强度

年份	2015	2016	2017	2018	2019
R&D 经费支出（亿元）	502.9	561.4	637.9	737.1	871.0
比上年增长（%）	11.9	11.6	13.6	15.6	18.2
R&D 经费投入强度（%）	1.67	1.72	1.72	1.81	1.87

数据来源：中国科技统计年鉴 2015—2020

四川省 R&D 经费总量增速不断加快，但是与我国其他主要省市比较优势仍显不足。图 3－1.1 显示了四川及部分省市 2015—2019 年 R&D 经费内部支出情况，各省市年 R&D 经费内部支出均呈稳定的增长状态，且总体上分为四个梯队，第一梯队为广东和江苏，第二梯队为山东和北京，第三梯队为浙江和上海，第四梯队为湖北、四川、陕西和重庆。四川未来应加大科技研发投入，为有效开展国际合作提供良好的环境。

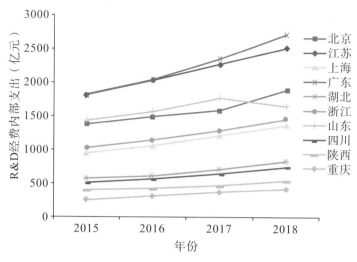

图 3-1.1 四川及部分省市 2015—2018 年 R&D 经费内部支出情况

数据来源：中国科技统计年鉴 2015—2019

1. 中央科技部门国际科技合作计划立项与投入

表 3-1.2 显示了全国及四川 2015—2019 年海外学者合作研究项目资助情况，从规模情况来看，近 5 年国家自然科学基金委员会共资助海外学者合作研究项目 538 项，总资助金额达 26888 万元；四川海外学者合作研究资助项目共22 项，占全国项目数量的 4.09%；四川海外学者合作研究资助金额累计 1509万元，占全国资金的 5.61%。从趋势演变来看，四川海外学者合作研究资助项目和资助金额占全国的比重均呈波动上升趋势。总的来看，四川海外学者合作研究资助项目与资助金额呈较好发展态势，2016 年后四川省资助金额占全国比重要高于资助项目占全国的比重，尤其是 2018 年四川海外学者合作研究金额占全国的十分之一。

表 3-1.2 全国及四川 2015—2019 年海外学者合作研究项目资助情况

年份	2015	2016	2017	2018	2019	累计
全国项目（项）	136	135	142	102	23	538
四川项目（项）	6	4	6	5	1	22
项目占比	4.41%	2.96%	4.23%	4.90%	4.35%	4.09%
全国资金（万元）	5688	5760	6120	5400	3920	26888

续表3－1.2

年份	2015	2016	2017	2018	2019	累计
四川资金（万元）	270	234	270	575	160	1509
资金占比	4.75%	4.06%	4.41%	10.65%	4.08%	5.61%

数据来源：国家自然科学基金委员会2015—2019年度报告

图3－1.2显示了四川及部分省市2014—2018年海外学者合作研究资助项目与金额情况。就资助金额来看，这五年四川累计资助金额达1509万元，领先于山东、陕西、重庆。就资助项目来看，这五年四川累计资助项目达22项，领先于重庆。其中北京、上海属于资助项目与资助金额双高类型；江苏和山东属于资助项目较多，而资助金额较少类型；湖北和四川属于资助项目较少，而资助金额较多类型。

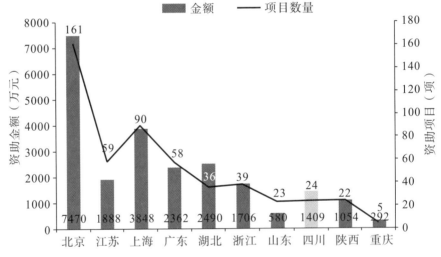

图3－1.2　四川及部分省市2014—2018年海外
学者合作研究项目资助金额情况

数据来源：国家自然科学基金委员会2014—2018年度报告

图3－1.3显示了近5年四川及部分省市海外学者合作研究单位项目资助金额情况。2014—2018年全国海外学者合作研究单位项目资助金额平均为45万元，其中北京、湖北、浙江、四川及陕西的海外地区学者合作研究单位项目平均资助金额超过了全国平均水平。四川海外学者合作研究单位项目平均资助金额为57万元，仅次于湖北，位居全国第二。总体来看，四川海外学者合作

研究资助项目与金额虽处于全国中等水平，但属于资助项目较少、资助金额较多类型，单位项目平均资助金额处于全国领先水平，位居第二。

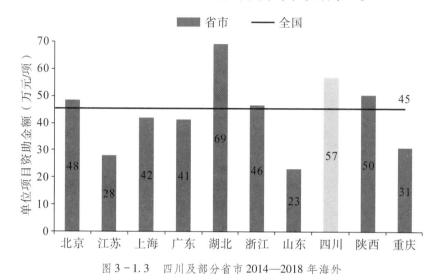

图 3-1.3 四川及部分省市 2014—2018 年海外
学者合作研究项目平均资助金额情况

数据来源：国家自然科学基金委员会 2014—2018 年度报告

图 3-1.4 显示了 2015—2019 年全国、四川及相关省市海外学者合作研究资助金额学科分布情况。从资助金额的规模来看，在全国获资助金额规模排在前三的学科为医学科学、信息科学、工程与材料科学，资助金额分别为 4986 万元、4870 万元、4192 万元；在四川，信息科学、数理科学、地球科学方面的资金额较多。从四川在全国的占比来看，四川在地球科学、医学科学、数理科学、化学科学中的占比较高，分别为 8.46%、8.30%、8.22%、8.06%。四川在八大学科均有涉及，学科分布较为均匀，其中医学科学、数理科学、生命科学、信息科学、化学科学处于各主要省市中上水平。总的来看，四川海外学者合作研究资助项目中，医学科学、数理科学、信息科学、化学科学、生命科学是其优势学科。

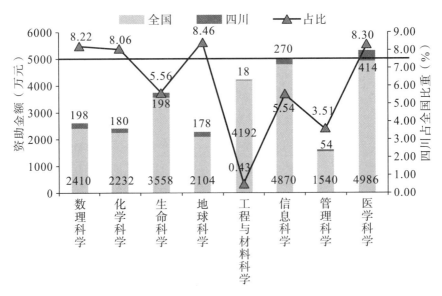

图 3-1.4 全国及四川 2015—2019 年海外学者合作研究资助学科分布情况

数据来源：国家自然科学基金委员会 2015—2019 年度报告

从科技项目支持来看，资金与项目方面，四川海外学者合作研究资助项目与金额呈较好发展态势，属于资助项目较少、资助金额较多类型，四川单位项目平均资助金额处于全国领先水平，位居第二，说明国际合作重大项目在四川布局较好。学科分布方面，医学科学、数理科学、信息科学、化学科学、生命科学是四川国际合作优势学科，其中化学科学、生命科学、医学科学、数理科学方面的单位项目资助金额较大。

2. 地方科技部门国际科技合作计划立项与投入

表 3-1.3 显示了 2018 年四川地方支持的国际合作项目立项及投入人员构成情况。从项目及投入人员数量上看，专业技术类位居第一，党政类和企业管理类分别位居第二、第三位。

表 3-1.3 四川 2018 年国际合作项目立项及投入人员构成情况

项目类别	项目数量（项）	人数（人）	人数占比
专业技术类	30	456	60%
企业管理类	4	70	9%
党政类	10	190	25%
其他	3	42	6%

数据来源：四川省科技厅

3. 吸引外方研发经费

R&D 经费支出指年度内全社会实际用于基础研究、应用研究和实验发展的经费支出，分为内部支出和外部支出。内部支出指为开展 R&D 活动用于本机构内部的实际支出，内部支出经费来源含政府资金、企业资金、国外资金、其他资金。外部支出主要指本机构所委托外单位或与外单位合作进行 R&D 活动而拨给对方的经费，根据委托或合作的对象分为对国内研究机构的支出、对国内高等学校的支出、对国内其他企业的支出、对境外机构的支出。因此，可用 R&D 内部支出中的国外资金来源反映国外对本单位技术创新的支持情况；用 R&D 外部支出中对境外机构的支出反映本单位与境外机构之间的合作创新状况。

图 3－1.5 为我国全国、西部地区及四川 2015—2018 年 R&D 经费内部支出中的国外资金来源情况。从总体规模看，全国 R&D 经费内部支出中的国外资金累计达 393.1 亿元，西部地区累计达 11.25 亿元，四川累计达 3.79 亿元，四川在全国占比 0.96%，西部地区占比 33.69%。从趋势演变看，四川 R&D 经费内部支出中的国外资金呈下降趋势，占全国的比重变化趋势亦如此。总的来看，四川 R&D 经费内部支出中的国外资金在西部地区处于领先位置，但在全国占比较低，总体呈下降趋势，2017 年下滑明显，研发活动对外资的吸引力有待加强。

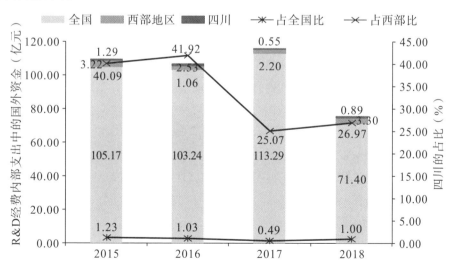

图 3－1.5　全国、西部地区及四川 2015—2018 年 R&D 经费内部支出中的国外资金情况

数据来源：中国科技统计年鉴 2016—2019

图 3－1.6 为四川及部分省市 2015—2018 年 R&D 经费内部支出中的国外

资金情况以及占全国内部支出中的国外资金总量的比例。四川 R&D 经费内部支出中的国外资金为 3.79 亿元，占全国的比重为 0.96%；北京 R&D 经费内部支出中的国外资金为 134.7 亿元，占全国的比重为 34.27%，远高于其他省市；山东、浙江、上海处于第二方阵，占比低于北京，但高于其他省市。中西部地区明显落后于沿海省份和创新性省份，四川虽然在中西部省份中占比略高，领先于陕西、重庆，但与北京、上海、江苏等省份相比，差距明显。四川在加大科技创新投入的同时，应积极吸引外资参与，优化科技创新活动的资金来源结构。

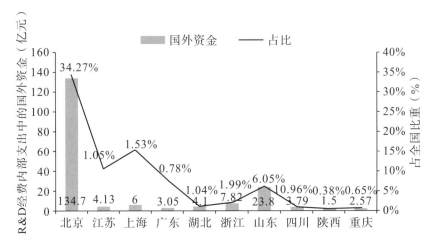

图 3−1.6　四川及部分省市 2015—2018 年 R&D 经费内部支出中的国外资金情况

数据来源：中国科技统计年鉴 2016—2019

　　图 3−1.7 为四川国际合作主体单元（规上企业、研究与发展机构、高等学校）R&D 经费内部支出中的国外资金情况及全国占比情况。可以看出，四川规上企业科技创新活动对外资吸引力最强，研发机构与高校的吸引力与企业相比差距较大。从发展趋势上看，规上企业 R&D 经费内部支出中的国外资金呈逐年下降趋势，特别是 2017 年规上企业 R&D 经费内部支出中的国外资金全国占比锐减，高校 R&D 经费内部支出中的国外资金及全国占比呈上升趋势，但高校 R&D 经费内部支出中的国外资金在三类主体中占比较小，因此对整体 R&D 经费内部支出中的国外资金的拉动作用不明显。

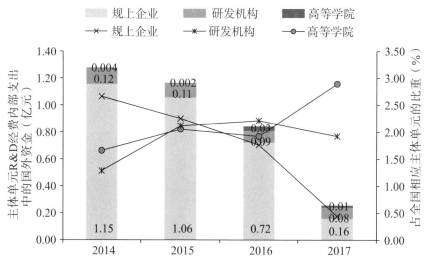

图 3-1.7 四川 2014—2017 年国际合作主体单元 R&D 经费内部支出中
的国外资金情况及全国占比情况

数据来源：中国科技统计年鉴 2015—2018

图 3-1.8 为全国、西部地区及四川 2015—2018 年 R&D 经费对境外机构
支出情况。从总体规模看，2015—2018 年，全国 R&D 经费对境外机构支出资
金累计达 441.86 亿元，西部地区累计达 30.64 亿元，四川累计达 4.27 亿元，
四川支出资金、在全国占比 0.97%，在西部地区占比 13.94%。从趋势演变来
看，四川 R&D 经费对境外机构支出的资金呈波动上升趋势，四川支出资金、
在全国和西部地区的占比亦如此，2016 年占比最高，2017 年有所回落。总的
来看，四川 R&D 经费对境外机构支出资金在逐步增加，在西部地区占据重要
地位，但在全国的占比较低。

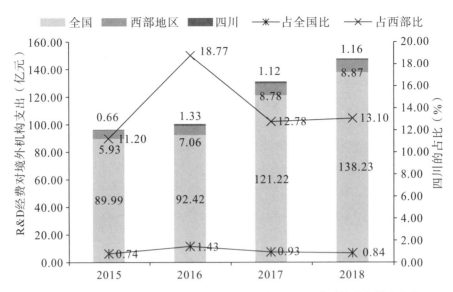

图 3-1.8　全国、西部地区及四川 2015—2018 年 R&D 经费对境外机构支出情况

数据来源：中国科技统计年鉴 2016—2019

图 3-1.9 为四川及部分省市 2015—2018 年 R&D 经费对境外机构的外部支出情况。四川 R&D 经费对境外机构的外部支出为 0，与北京、山东、重庆等省市差距较大。

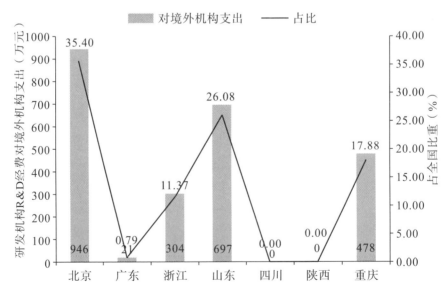

图 3-1.9　四川及部分省市 2015—2018 年 R&D 经费对境外机构的外部支出情况

数据来源：中国科技统计年鉴 2016—2019

从四川 R&D 经费国际合作对外支出情况发现，四川在开展科技创新活动国际合作时，"引进来"优势明显，而"走出去"尚待加强。规上企业应是开展国际合作的主要单元，但实际上却是科研院所与高校越来越多地参与到国际合作中。总体看来，四川需更加积极地"走出去"，进一步加强与境外机构的主动合作，增强国际影响力。

（二）国际科技合作人才培养经费

表 3 - 1.4 显示了 2016—2018 年各省市地区实施各类引才引智项目引进境外人才数量情况。数据显示，广东以绝对优势，超越北京、湖北、上海位居第一位；北京位居第二位；湖北作为中部省份表现突出，位居第三位；上海和江苏引进人才数量也都超过了千人；其他省市地区引进人才数量较少。

表 3 - 1.4 2016—2018 年各省市地区引进境外人才数量

地区	已引进境外人才数量（人）
广东	5818
北京	4742
湖北	2684
上海	1448
江苏	1039
陕西	847
四川	482
山东	354
浙江	351
重庆	236
广西	98

数据来源：科技部国合司

表 3 - 1.5 显示了 2016—2018 年四川实施各类引才引智项目基本情况，增长趋势明显。其间，共引进高层次境外专家（含港澳台人员）1734 人次（年均增长 21%），实施各类外专引智项目 533 项，经费共计 5627 万元（其中国家外专局经费 2594 万元，四川省级经费 3033 万元）。

表 3－1.5 2016—2018 年四川实施各类引才引智项目基本情况

年度	项目数（项）	人数（人）	人次	经费（万元）
2016	163	347	473	1626
2017	178	428	570	1910
2018	192	531	691	2091
合计	533	1306	1734	5627

数据来源：四川省科技厅

图 3－1.10 显示了四川及部分省市 2018 年来华留学生情况。由图可知，北京对于留学生具有极强的吸引力，集聚了最多的留学生人数，留学生人数超过 8 万人，占来华留学生总人数比超过 16%；其次为被打造为全球科创中心的上海，留学生人数超过 6 万人。此外，浙江的留学生数量近年增长较快。四川省 2018 年留学生人数达 1.4 万人，占全国比重为 2.84%，高于陕西。总的来看，科技、教育和经济发展水平为国际交流与合作孕育了良好的环境，东部省市数据表现明显强于西部省市，能更好地开展科技人才方面的国际交流与合作。

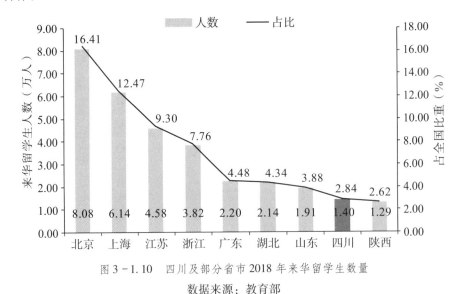

图 3－1.10 四川及部分省市 2018 年来华留学生数量

数据来源：教育部

在国际人才方面，不管是对境外高层次人才的引进，还是对留学生的集聚，四川在全国均处于中等水平，落后于发达省份，但领先于西部其他省份。四川应充分发挥成都对人才的吸引力（2018 年成都上榜外籍人才眼中最具吸引力的中国城市），实施积极的人才政策，坚持把人才工作摆在全局发展的优先位置，坚定不移实施人才强省战略，大力引进培养高层次人才，为推动全省经济社会发展提供有力支撑。

二、四川省国际科技合作人才

（一）国外引才情况

2018 年，四川引入高端国外人才 573 人，其中研究生学历 373 人（博士 245 人，硕士 128 人），占比 65.1%，其主要来源国分布如表 3 - 2.1。美国是四川的主要国际合作国家，也是被引入高端人才最多的国家；其次是韩国和日本两个亚洲邻国；其他国家人数较少。

表 3 - 2.1　四川 2018 年引入高端人才主要来源国分布（2 人以上）

国家	数量（人）	占比（%）	国家	数量（人）	占比（%）
美国	128	22.34	意大利	5	0.87
韩国	81	14.14	新西兰	4	0.70
日本	77	13.44	奥地利	3	0.52
德国	37	6.46	巴西	3	0.52
加拿大	36	6.28	比利时	3	0.52
新加坡	27	4.71	菲律宾	3	0.52
印度	23	4.01	黎巴嫩	3	0.52
巴基斯坦	19	3.32	尼泊尔	3	0.52
马来西亚	18	3.14	乌克兰	3	0.52
法国	16	2.79	乌兹别克斯坦	3	0.52
澳大利亚	14	2.44	西班牙	3	0.52
英国	12	2.09	埃及	2	0.35
瑞典	8	1.40	俄罗斯	2	0.35
伊朗	6	1.05	荷兰	2	0.35
泰国	5	0.87	尼日利亚	2	0.35

数据来源：四川省科技厅

四川省 2018 年引入的高端国外人才在五大产业的分布如表 3 - 2.2。五大支柱产业的人才引进数量为 282 人，占比将近 50%。其中人才引进最多的产业为电子信息产业，其次是食品饮料和装备制造产业，也均超过了 10%，先进材料产业相对人才引进较少。

表 3－2.2　2018 年外国引才领域情况

人才引进领域	行业	数量（人）	占全省比重（%）
五大支柱产业	电子信息	108	18.85
	装备制造	60	10.47
	食品饮料	64	11.17
	先进材料	12	2.09
	能源化工	38	6.63
合计		282	49.21
其他产业		291	51.79
总计		573	100

数据来源：四川省科技厅

四川省 2018 年引入高端国外人才在各个地市的分布如表 3－2.3。有将近 90% 的高端国外人才都集中在了成都市，其次是绵阳，其他地区相对较少。

表 3－2.3　四川 2018 年外国引才地区情况

引进外国高端人才地区	数量（人）	占全省比重（%）
成都	505	88.13
绵阳	22	3.84
资阳	15	2.62
雅安	8	1.40
泸州	7	1.22
达州	5	0.87
德阳	4	0.70
遂宁	4	0.70
乐山	3	0.52
总计	573	100

数据来源：四川省科技厅

（二）留学、归国及来华交流人才

2018 年，共有来自 196 个国家和地区的 492185 名外国留学人员在全国 31 个省（区、市）的 1004 所高等院校学习，比 2017 年增加了 3013 人，增长比例为 0.62%。接受学历教育的外国留学生总计 258122 人，占来华生总数的 52.44%，比 2017 年增加了 16579 人，同比增加 6.86%；硕士和博士研究生共计 85062 人，比 2017 年增加 12.28%，其中，博士研究生 25618 人，硕士研究生 59444 人；获中国政府奖学金学生 63041 人，占来华生总数的 12.81%。

如表 3-2.4 所示，按省市来看，对标省市中北京和上海是来华留学最集中的地区，其后是江苏、浙江、广东、湖北和山东。广西、四川、陕西和重庆等省市人数相对较少。

表 3-2.4　2018 年全国外籍人员来华留学人数

地区	数量（人）
北京	80786
广东	22034
上海	61400
江苏	45778
山东	19078
浙江	38190
四川	13990
陕西	12919
重庆	<10000
湖北	21371
广西	15217

数据来源：教育部

三、四川省国际科技合作

（一）国际科技合作论文规模

2015 至 2019 年，我国 WOS 论文数量为 2410161 篇，其中国际科技合作论文 575925 篇，占比 23.90%；四川 WOS 论文数量共计 132355 篇，其中国际科技合作论文 30393 篇，占比 22.96%，年度趋势如图 3-3.1。图中可以看出四川国际科技合作规模逐年增加，增速明显。2019 年四川国际科技合作论文为 8615 篇，超过 2015 年的 2 倍；四川国际科技合作论文占比从 2015 年的 21% 增长至 2019 年的 24.2%，年增幅较平稳。虽然每年四川国际科技合作论文占比每年均略低于全国国际科研论文占比，但是总体来说差距在逐渐减小，这是四川国际科技合作持续加强的结果。

图 3-3.1　四川及全国国际科技合作年度趋势

数据来源：Incites 数据库，2021 年 2 月

各省市地区由于高等教育资源、科研院所布局以及经济社会发展水平等因素不同，国际科技合作规模也有所不同。北京、江苏、上海和广东等发达省市国际科技合作论文规模和占比明显高于其他省份。由图 3-3.2 可知，北京 WOS 论文数量和国际科技合作论文数量均以绝对优势位居第一；广东国际科技合作论文占比为 39.00%，位居第一，上海、北京、浙江、湖北、江苏等省市国际科技合作论文占比均超过了全国国际科技合作论文占比（24.61%）；山东、四川、陕西与重庆等中西部省份国际科技合作论文占比均低于全国国际科技合作论文占比；四川在国际科技合作论文数量上多于陕西和重庆，在西部地区国际科技合作程度较高。

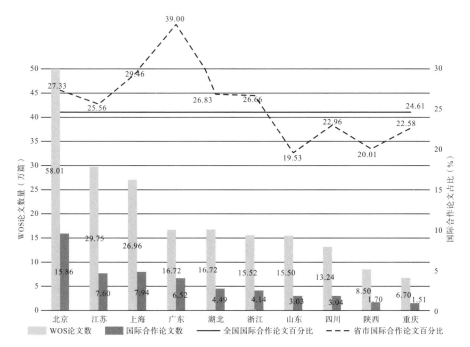

图 3－3.2　2015—2019 年各省市国际科研规模对比

数据来源：Incites 数据库，2021 年 2 月

2015—2019 年各省市年度国际科技合作论文数量如表 3－3.1 所示。

表 3－3.1　2015—2019 年各省市国际科技合作论文年度数据（万篇）

年度	北京	上海	江苏	广东	浙江	湖北	山东	四川	陕西	重庆
2015 年	2.46	1.22	1.04	0.75	0.59	0.57	0.38	0.38	0.24	0.21
2016 年	2.74	1.37	1.23	0.92	0.72	0.66	0.46	0.48	0.26	0.25
2017 年	2.96	1.49	1.41	1.17	0.86	0.76	0.55	0.55	0.29	0.28
2018 年	3.18	1.58	1.64	1.45	0.94	0.87	0.66	0.64	0.38	0.32
2019 年	3.95	1.98	2.08	2.03	1.06	1.22	0.89	0.86	0.49	0.41

数据来源：Incites 数据库，2021 年 2 月

以各省市 2015 年国际科技合作论文数据为基数，得到 2019 年各省市国际科技合作论文年度增长幅度，如图 3－3.3 所示。

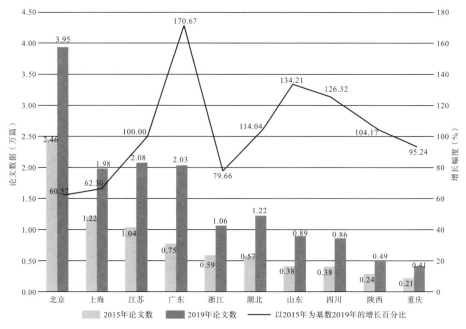

图 3－3.3　各省市 2019 年国际科技合作论文数量增长幅度

数据来源：Incites 数据库，2021 年 2 月

图 3－3.3 中的数据显示广东省增幅最大，2019 年国际科研论文数比 2015 年增长了 170.67％；其次是山东、四川、湖北、陕西和江苏，增幅达到超过了 1 倍，增速明显，国际科技合作趋势迅猛；另外重庆也增速明显，超过 90％；北京和上海由于开展国际科技合作时间早、基数大，增幅相对较低。

（二）国际科技合作影响

1. 国际科技合作总体引用情况

四川国际科技合作论文在规模上持续提升，但国际科技合作论文整体影响力仍有待提升。

表 3－3.2　2015—2019 年各省市国际科技合作论文影响力

省市	国际合作论文数量（万篇）	国际合作论文总被引次数（万次）	国际合作论文篇均被引次数（次/篇）	国际合作论文0引用论文百分比（%）	学科规范化引文影响力
北京	15.86	250.61	9.35	23.98	1.8
上海	7.94	123.68	9.39	21.96	1.76

续表3 - 3. 2

省市	国际合作论文数量（万篇）	国际合作论文总被引次数（万次）	国际合作论文篇均被引次数（次/篇）	国际合作论文0引用论文百分比（%）	学科规范化引文影响力
江苏	7. 60	120. 25	9. 05	20. 34	1. 71
广东	6. 53	99. 91	9. 03	22. 00	1. 81
湖北	4. 49	71. 28	9. 16	23. 45	1. 76
浙江	4. 14	60. 90	8. 78	21. 48	1. 68
山东	3. 03	43. 00	8. 41	22. 69	1. 68
四川	3. 04	42. 06	8. 06	25. 68	1. 69
陕西	1. 70	24. 62	7. 98	20. 58	1. 57
重庆	1. 51	22. 99	9. 13	22. 23	1. 65

从表3 - 3. 2、图3 - 3. 4 中篇均被引频次来看，四川省国际科技合作论文篇均被引为8. 06 次，低于全国国际科技合作论文篇均被引频次8. 32 次，研究对象中其他绝大部分省市均高于全国水平，上海以9. 39 次位居第一。

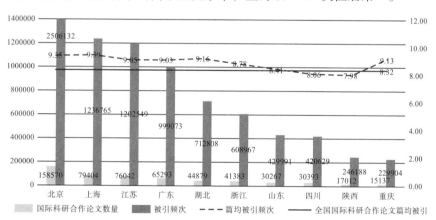

图3 - 3. 4　各省市及全国国际科技合作论文被引情况

数据来源：Incites 数据库，2021 年2 月

学科规范化的引文影响力（Category Normalized Citation Impact）方面，十个被研省市国际科技合作论文学科规范化的引文影响力指标均高于全国国际科技合作论文学科规范化的引文影响力平均值，其中广东最高为1. 81，四川为1. 69。

2. 国际科技合作高被引论文与热点论文

如表 3 - 3.3 所示，四川 ESI 高被引论文数量为 755 篇，相对较少。北京以 3959 篇的绝对优势位居第一，其次是江苏、上海和广东，均超过了 1500篇；从高被引论文占比来看，各个省市高被引论文占比均超过了 2%，四川比较靠后，山东最高，其次是湖北、江苏和广东。从热点论文占比来看，四川热点论文占比 0.11%，位列第二梯队。四川在热点论文上表现较突出，反映了四川在国际科技合作上紧跟研究前沿和热点。

表 3 - 3.3 各省市 ESI 高被引论文数量（篇）及占比和热点论文占比（%）

省市	高被引论文数量	高被引论文占比	热点论文占比
北京	3959	2.50%	0.12%
上海	1943	2.45%	0.11%
江苏	2052	2.70%	0.11%
广东	1703	2.61%	0.14%
湖北	1224	2.73%	0.14%
浙江	1018	2.46%	0.12%
山东	842	2.78%	0.12%
四川	755	2.48%	0.11%
陕西	394	2.32%	0.07%
重庆	339	2.24%	0.06%

数据来源：Incites 数据库，2021 年 2 月

（三）国际科技合作学科

1. 学科国际科技合作规模

2015—2019 年期间，四川在 22 个 ESI 学科上的论文及国际科技合作论文情况如表 3 - 3.4 所示。四川国际科技合作前十的 ESI 学科分别是工程科学、化学、临床医学、材料科学、物理学、地球科学、计算机科学、生物学与生物化学、分子生物学与遗传学、环境/生态学。学科国际科技合作论文占比上，工程科学最高为 18.57%，是开展国际科技合作最多的学科；其次是临床医学、材料科学、物理学和化学，都超过了 9% 的占比；免疫学、微生物学、空间科学和多学科发文量较少，国际科技合作论文占比也较低，低于 1%。

表 3 - 3.4　四川 ESI 学科国际科技合作情况

ESI 学科	学科论文数量（篇）	国际科技合作论文数量（篇）	学科国际科技合作论文占比（%）	学科内国际科技合作论文占比（%）
工程科学	17478	4958	18.57	28.37
化学	15475	2507	9.40	16.20
临床医学	15394	2923	10.95	18.99
材料科学	12405	2815	10.54	22.69
物理学	10149	2662	9.97	26.23
地球科学	4442	1322	4.95	29.76
计算机科学	4337	1695	6.35	39.08
生物学与生物化学	3969	916	3.43	23.08
分子生物学与遗传学	3760	946	3.54	25.16
环境/生态学	3444	1001	3.75	29.07
植物与动物科学	2820	864	3.24	30.64
药理学和毒理学	2784	390	1.46	14.01
数学	2484	695	2.60	27.98
神经科学与行为学	2324	707	2.65	30.42
农业科学	1735	411	1.54	23.69
经济与商业学	1061	570	2.13	53.72
一般社会科学	979	407	1.52	41.57
微生物学	845	223	0.84	26.39
免疫学	813	251	0.94	30.87
精神病学/心理学	765	327	1.22	42.75
空间科学	183	60	0.22	32.79
多学科	125	50	0.19	40

数据来源：Incites 数据库，2021 年 2 月

2015—2019 年期间，工程科学、临床医学、材料科学、物理学和化学 5 个学科国际科技合作发文总量为 15865 篇，占据了四川全部国际科技合作论文的 50% 以上，同时也是四川国际科技合作发文量最多的 5 个 ESI 学科。

如图 3 - 3.5 所示，从四川与全国学科国际科研论文占比来看，四川各学科占比基本与全国保持一致，工程科学、材料科学、物理学、地球科学等学科

的国际科技合作占比超过了全国的水平。学科内的国际科技合作论文占比方面，四川大部分学科内国际科技合作论文占比基本与中国保持一致。

四川与全国学科国际科技合作论文占比

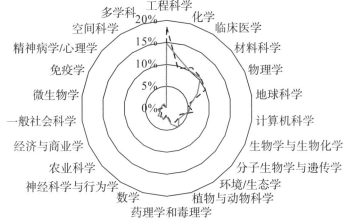

四川与全国学科内国际科技合作论文占比

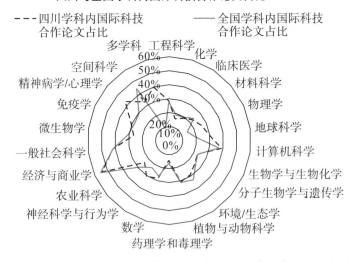

图 3-3.5　四川与全国 ESI 学科与学科内国际合作论文占比对比图

数据来源：Incites 数据库，2021 年 2 月

2. 学科国际科技合作影响

从四川各学科国际科技合作论文与整体论文高被引论文占比来看，大部分学科国际科技合作论文高被引论文占比高于四川各学科整体论文高被引论文占

比，说明四川开展国际科技合作对这些学科获得高质量科研成果贡献较大（如图3-3.6所示）。特别是在数学、化学和生物学与生物化学领域，各学科高被引论文占比均提高了2个百分点以上，其他学科如分子生物学与遗传学、材料科学、物理学、临床医学和工程科学等15个学科高被引论文占比都有不同程度的提高，而经济与商业学和一般社会科学国际合作论文高被引论文占比低于四川整体论文水平。

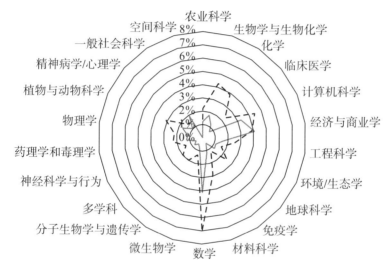

图3-3.6　四川国际科技合作论文与整体论文各学科高被引论文占比对比图

数据来源：Incites数据库，2021年2月

另外数据显示，四川各优势ESI学科与省内高校双一流学科建设基本保持一致，如四川大学的数学、化学、材料科学与工程、口腔医学，电子科技大学的电子科学与技术、信息与通信工程，成都理工大学的地质学等。

从四川与全国各学科国际科技合作论文高被引论文占比来看，四川一半学科高被引论文占比低于全国各学科高被引论文占比，但在生物学与生物化学和数学等领域高于全国水平，凸显了其优势学科（如图3-3.7所示）。

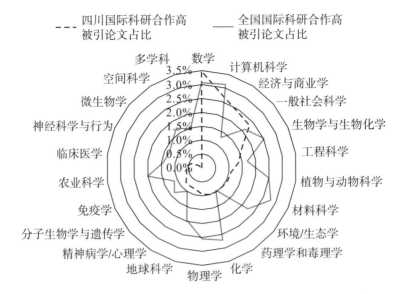

图 3 – 3.7　四川与全国各学科国际合作论文各学科高被引论文占比对比图

数据来源：Incites 数据库，2021 年 2 月

（四）国际科技合作区域和国家分布

1．与主要国家或地区的科研合作

2015—2019 年间，四川省国际科技合作持续加强，合作国家或地区范围不断扩大，科研合作的无国界趋势越来越明显。与四川省有国际科技合作的国家或地区从 2014 年的 120 个增长至 2019 年的 163 个；2015 年国际科技合作论文数量超过 100 篇的国家或地区为 18 个，2019 年为 34 个。

从表 3 – 3.5 中数据可见，北京、江苏、上海和广东等发达省市开展国际科技合作时间早、范围广。而四川、陕西和重庆等西部省市近年来国际科技合作范围迅速扩大，跟国家"一带一路"倡议和地方政策等有巨大关系。

表 3 - 3.5　2015—2019 年各省市国际科技合作论文超过 100 篇的国家或地区数量变化

省市	2015 年国际科技合作论文超过 100 篇的国家或地区数量（个）	2019 年国际科技合作论文超过 100 篇的国家或地区数量（个）	2015—2019 年累计际科研合作论文超过 100 篇的国家或地区数量（个）
北京	64	68	89
江苏	49	51	60
上海	51	62	81
广东	49	60	75
湖北	28	47	72
浙江	17	35	53
山东	35	53	62
四川	18	34	59
陕西	2	11	21
重庆	8	14	36

数据来源：Incites 数据库，2021 年 2 月

表 3 - 3.6 中 2015 年到 2019 年的数据显示，四川与美、欧、日等主要科技大国国际科技合作相对集中。美国是四川国际科技合作的最多的国家，国际科技合作论文产出为 13818 篇，占据了四川国际科技合作论文的 29.66%，接下来是英国、澳大利亚、加拿大和德国，国际科技合作论文产出也都超过了2000 篇。

表 3 - 3.6　2015—2019 年四川国际科技合作论文数量排名前十的国家或地区

国家或地区	国际科技合作论文数量（篇）	国际科技合作论文占比（%）	国家或地区	国际科技合作论文数量（篇）	国际科技合作论文占比（%）
美国	13818	29.66	日本	1945	4.18
英国	4319	9.27	法国	1495	3.21
澳大利亚	2974	6.38	新加坡	1456	3.13
加拿大	2569	5.51	瑞典	1188	2.55
德国	2241	4.81	荷兰	1187	2.55

数据来源：Incites 数据库，2021 年 2 月

2. 与主要区域或国际组织的科研合作

将四川国际合作国家按照区域划分，发现四川与经济合作与发展组织（OECD）、欧盟、"一带一路"沿线国家、南向开放国家、东盟、中东地区、北欧、金砖国家等均建立了合作网络。表3-3.7显示了2014—2018年期间四川省与主要区域/国际组织科研合作的规模。表中可以看出四川与当时 OECD 36个成员国中的34个国家进行了国际科技合作，论文产出最多，为21374篇；其次是与28个欧盟国家也都有国际科技合作关系，论文产出为7193篇；与中东和拉美地区的合作产出相对较少。

表3-3.7　2014—2018年四川省与主要区域/国际组织科研合作的规模

区域/国际组织	国际科技合作国家数量（个）	国际科技合作论文数量（篇）
OECD	34/36	21374
欧盟	28/28	7193
"一带一路"沿线国家	56/65	3769
南向开放国家	17/20	4474
中东地区	15/24	1190
金砖国家	4/4	913
拉美地区	21/34	376

数据来源：Incits 数据库，2019年5月

从各区域组织国际科技合作论文学科占比分布来看，与 OECD、"一带一路"沿线国家和南向开放国家合作的国际科技论文大部分学科占比与四川国际科技合作论文占比保持一致，不同区域又略有侧重（如图3-3.8所示）。

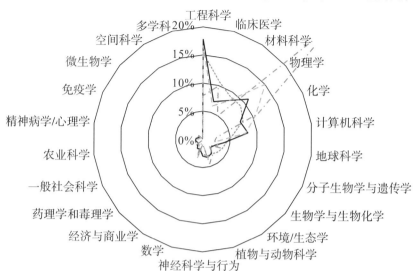

······· OECD ── 南向开放国家 ─ ─ ─ "一带一路"沿线国家 ─ ─ 金砖国家

图 3 - 3.8 四川与合作区域或组织的学科论文分布占比比较

数据来源：Incits 数据库，2019 年 5 月

图 3 - 3.8 中数据显示 OECD 国家科技合作论文集中在临床医学、分子生物学与遗传学、神经科学与行为、生物学与生物化学和精神病学/心理学等领域，这几个学科论文占比略高于四川学科论文占比水平；而在化学、材料科学、数学、计算机科学、工程科学和物理学等领域占比略低于四川学科论文占比水平。"一带一路"沿线国家国际科技合作论文集中在物理学、计算机科学、化学、工程科学和数学等领域，学科论文占比水平高于四川学科论文占比水平，特别是在物理学领域比例超过了 20%，高于四川学科占比水平将近六个百分点；而在临床医学、地球科学和材料科学等领域低于四川学科论文占比水平。南向开放国家国际科技合作论文在计算机科学、工程科学和物理学等领域学科占比高于四川学科论文占比水平；而在临床医学、生物学与生物化学、化学、材料科学和分子生物学与遗传学等领域低于四川学科论文占比水平。

（1）OECD 国家科研合作情况。

OECD 是由 36 个市场经济国家组成的政府间国际经济组织，旨在共同应对全球化带来的经济、社会和政府治理等方面的挑战，并把握全球化带来的机遇。

2014—2018 年期间四川与 OECD 国家国际科技合作论文产出前十名分别是美国、英国、澳大利亚、加拿大、德国、日本、法国、韩国、意大利和荷兰。其中国际科技合作论文产出最多的是美国，为10927篇；其次是英国和澳大利亚，均超过了2000篇。

图3－3.9显示了2014—2018年期间四川省与OECD国际科技合作论文影响力前十位的国家。横轴表示国家科研合作论文数量，纵轴表示高被引论文占比，圆圈大小代表被高引论文数量。从图中可以看出，四川与美国虽然在国际科技合作中高被引论文产出最多，为274篇，但是由于合作规模大，其高被引论文占比较低；另外，英国、澳大利亚、加拿大、德国和日本五个国家与四川开展国际科技合作的高被引论文数量及占比情况类似，属于同一梯队；法国、意大利、韩国和荷兰四个国家情况类似，在高被引论文占比方面，属于同一梯队。

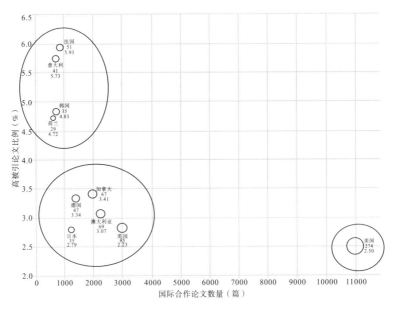

图3－3.9　2014—2018年四川与OECD国际科技合作论文影响力前十位的国家

数据来源：Incits数据库，2019年5月

（2）"一带一路"沿线国家科研合作情况。

"一带一路"倡议发端于中国，贯通中亚、东南亚、南亚、西亚乃至欧洲部分区域，涉及65个国家或地区，是世界上跨度最大的经济走廊。

2014—2018年期间，四川省共与56个"一带一路"沿线国家或地区建立了国际科技合作关系，共计合作发文量为3769篇。国际科技合作年度发文增速明显，2018年国际科技合作论文数量是2014年的2.36倍，年均复合增长幅度为23.91%。

国际科技合作论文数量前十的"一带一路"沿线国家分别是新加坡、沙特阿拉伯、巴基斯坦、俄罗斯、印度、土耳其、以色列、马来西亚、希腊和波兰（如图3-3.10所示）。其中国际科技合作发文最多的是新加坡，为1207篇，远超其他国家；其次是沙特阿拉伯、巴基斯坦和俄罗斯，均超过了400篇。这与四川和新加坡新川创新科技园建设、"一带一路"倡议对接沙特"2030愿景"等项目有直接关系。

四川与沙特阿拉伯国际科技合作产出高被引论文最多，为121篇，而且高被引论文占比最高，这是近些年来沙特阿拉伯在科研领域进行了重点投入、"一带一路"倡议对接沙特"2030愿景"的结果。

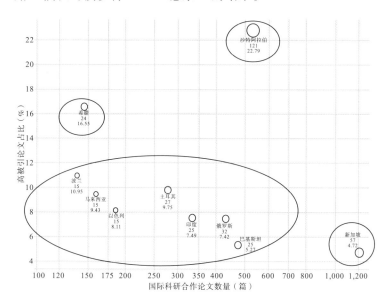

图3-3.10 四川与"一带一路"沿线国家国际科技合作论文影响力前十的国家

数据来源：Incits数据库，2019年5月

四川与新加坡国际科技合作规模最大，但是高被引论文数量相对不多；与俄罗斯和巴基斯坦有一定的国际科技合作基础，论文产出位和高被引论文占比等综合表现中等；希腊、波兰、土耳其、马来西亚、以色列和印度等国家由于与四川加大国际科技合作力度，论文质量和高被引论文占比有大幅提高。

（3）南向开放国家科研合作情况。

2014—2018年期间，四川省国际科技合作与20个南向开放国家中的17个国家或地区开展国际科技合作，共计产出论文4474篇。排名前十的国家分别是澳大利亚、新加坡、巴基斯坦、印度、马来西亚、新西兰、越南、泰国、尼泊尔和菲律宾。与澳大利亚国际科技合作论文最多，为2250篇，其次是新加坡，为1207篇，与其他东南亚和南亚国家国际科技合作论文相对较少。

图3-3.11显示了2014—2018年期间四川与主要南向开放国家国际科技合作产出论文的影响力。横轴表示国家科研合作论文数量，纵轴表示高被引论文占比，圆圈大小代表被引论文数量。数据显示澳大利亚和新加坡在国际科技合作中高被引论文产出最多，但是由于合作规模大其高被引论文占比较低；另外与巴基斯坦国际科技合作的高被引论文数量及占比位于中等水平，这与中巴长期的交流合作有重要关系；越南、新西兰、马来西亚、泰国和印度等国家由于加大与四川的国际科技合作力度，论文质量和高被引论文占比有大幅提高。

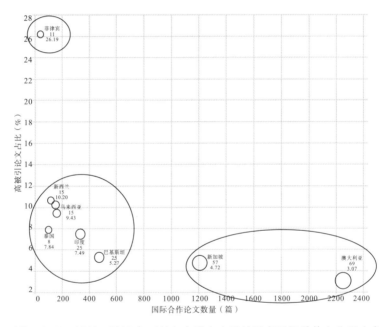

图3-3.11　2014—2018年四川与主要南向开放国家国际科技合作影响力

数据来源：Incits数据库，2019年5月

（五）国际科技合作机构分布

1. 四川国际科技合作机构分布情况

表3-3.8显示了四川省开展国际科技合作论文规模前20位的机构。"985""211"高校和央属科研院所国际科技合作论文规模优势明显。从国际科技合作论文数量来看，四川大学为8787篇，位居第一；其次是电子科技大学，论文数量也超过了8000篇；其他机构相对较少。从国际合作论文占比来

看，西南财经大学国际合作论文占比44.06%，位居第一，其次是中科院成都生物研究所、电子科技大学，均超过30%。

表3-3.8 四川省国际科技合作规模与影响力排名前20的机构

机构名称	国际科技合作论文数量	总发文量	国际科技合作论文占比	篇均被引频次	0被引论文占比
四川大学	8787	41328	21.26%	10.03	20.34%
电子科技大学	8499	26891	31.60%	8.93	30.42%
西南交通大学	3299	11705	28.18%	8.16	25.02%
四川农业大学	1074	5968	18%	7.31	25.03%
中国工程物理研究院	995	7929	12.55%	6.67	24.96%
西南石油大学	972	5164	18.82%	8.98	20.29%
西南财经大学	876	1988	44.06%	7.88	25.20%
成都理工大学	770	3593	21.43%	6.26	27.58%
西南科技大学	615	3825	16.07%	9.67	17.49%
中国科学院成都生物研究所	593	1518	39.06%	9.91	12.12%
西南医科大学	489	2487	19.66%	8.59	19.30%
西华大学	379	1660	22.83%	6.04	29.16%
成都信息工程大学	376	2209	17.02%	6.19	26.94%
成都大学	362	1536	23.57%	6.85	25.39%
四川省人民医院	305	1685	18.10%	8.07	20.12%
四川师范大学	299	1909	15.66%	11.24	24.36%
西华师范大学	286	1600	17.88%	11.59	28.75%
四川理工学院	236	1644	14.35%	7.6	21.90%
西南民族大学	207	1397	14.82%	7.44	30.92%
成都中医药大学	185	1553	11.91%	7.78	16.29%

数据来源：Incites数据库，2021年2月

将规模与影响力排名前十的机构的国际科技合作论文占比和0被引论文占比两个指标作为对比，以10个机构指标综合值为基线，发现这10个机构分布在四个象限内（如图3-3.12，圆圈大小代表机构国际科研论文数量）。数据显示电子科技大学、西南交通大学和中国科学院成都生物研究所指标相对最优，位于同一象限内；其次是四川大学、成都理工大学、西南石油大学、四川

农业大学、中国工程物理研究院和西南科技大学，其综合指标数据位于同一象限内；西南财经大学综合指标相对较弱。

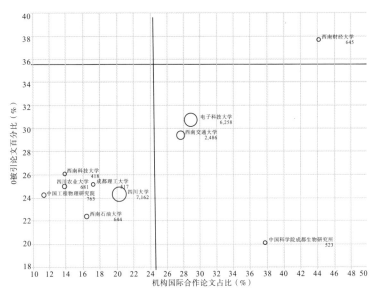

图 3 - 3.12　四川国际科研合作影响力排名前十的机构

数据来源：Incits 数据库，2019 年 5 月

　　利用四川国际科技合作规模与影响力排名前十的机构与四川发文排名前十的 ESI 学科工程科学、化学、临床医学、材料科学、物理学、地球科学、计算机科学、生物学与生物化学、分子生物学与遗传学、环境/生态学做矩阵，可以具体看出各个机构在 ESI 学科的规模分布。表 3 - 3.9 中数据显示，大部分机构国际科技合作论文集中在工程科学、材料科学、物理学和化学领域；四川大学在临床医学领域独占鳌头，优势明显；四川农业大学、西南财经大学由于其自身研究方向稳定，国际科技合作论文领域也相对集中。

表 3 - 3.9　四川国际科技合作规模与影响力排名前十的机构与发文排名前十的 ESI 学科矩阵

机构	工程科学	化学	临床医学	材料科学	物理学	地球科学	计算机科学	生物学与生物化学	分子生物学与遗传学	环境/生态学
四川大学	727	936	2004	831	611	/	/	/	/	/
电子科技大学	1858	355	/	856	1104	/	889	/	/	/
西南交通大学	1165	/	/	448	266	148	316	/	/	/

机构	工程科学	化学	临床医学	材料科学	物理学	地球科学	计算机科学	生物学与生物化学	分子生物学与遗传学	环境/生态学
四川农业大学	/	68	27	/	/	/	/	119	105	90
中国工程物理研究院	142	212	/	238	287	10	/	/	/	/
西南石油大学	340	213	/	106	28	180	/	/	/	/
西南财经大学	115	/	/	/	/	/	46	/	/	/
成都理工大学	131	47	/	51	/	336	/	/	/	80
西南科技大学	85	120	/	125	58	/	/	/	/	49
中国科学院成都生物研究所	/	/	/	/	/	/	/	56	40	118

数据来源：Incites 数据库，2021 年 2 月

表 3－3.10 显示了四川省与国外科研机构国际科技合作紧密的排名前十的机构以及他们的合作情况。从表中可以看出，排名前十的机构中有 7 个机构与美国加州大学有国际科技合作关系，其次合作最多的是法国国家科研中心，有 4 个机构与之拥有国际科技合作关系。

表 3－3.10　四川省与国外科研机构国际科技合作紧密的排名前十的机构以及他们的合作情况

机构名称	国外机构	国际科技合作论述数量	被引频次	篇均被引频次
四川大学	美国加州大学	500	22315	44.63
	美国哈佛大学	411	20595	50.11
	美国得克萨斯大学	354	14351	40.54
	亥姆霍兹协会	269	15775	58.64
	印第安纳大学	260	6102	23.47
电子科技大学	美国加州大学	677	8317	12.29
	美国得克萨斯大学	566	7784	13.75
	法国国家科学研究中心	487	6578	13.51
	美国能源部	476	6457	13.57
	瑞典皇家理工学院	464	4682	10.09

机构名称	国外机构	国际科技合作论述数量	被引频次	篇均被引频次
西南交通大学	美国佛罗里达州立大学	92	2338	25.41
	美国佐治亚大学	76	1561	20.54
	澳大利亚新南威尔士大学悉尼分校	72	1129	15.68
	美国加州大学	69	624	9.04
	新加坡南洋理工大学	67	541	8.07
四川农业大学	美国农业部	80	913	11.41
	美国加州大学	63	1035	16.43
	澳大利亚联邦科学与工业研究组织	44	349	7.93
	加拿大农业及农业食品部	40	297	7.43
	美国艾奥瓦州州立大学	33	351	10.64
中国工程物理研究院	美国能源部	59	883	14.97
	美国加州大学	44	469	10.66
	法国国家科学研究中心	36	258	7.17
	日本东北大学	33	542	16.42
	新加坡南洋理工大学	29	656	22.62
西南石油大学	加拿大里贾纳大学	62	634	10.23
	澳大利亚迪肯大学	47	753	16.02
	加拿大卡尔加里大学	40	341	8.53
	美国得克萨斯理工大学	28	291	10.39
	美国能源部	27	902	33.41
西南财经大学	新加坡国立大学	27	295	10.93
	澳大利亚蒙纳士大学	24	232	9.67
	美国加州大学	20	238	11.90
	新泽西州立罗格斯大学	18	194	10.78

续表3－3.10

机构名称	国外机构	国际科技合作论述数量	被引频次	篇均被引频次
成都理工大学	加拿大阿尔伯塔大学	29	283	9.76
	澳大利亚伍伦贡大学	28	580	20.71
	法国国家科学研究中心	21	206	9.81
	日本京都大学	19	286	15.05
	日本九州大学	19	254	13.37
西南科技大学	阿卜杜勒阿齐兹国王大学	32	2095	65.47
	匈牙利科学院	27	176	6.52
	匈牙利维格纳物理研究中心	16	243	15.19
	澳大利亚弗林德斯大学	25	778	31.12
	法国国家科学研究中心	23	632	27.48
中国科学院成都生物研究所	美国密苏里植物园	81	552	6.81
	美国加州大学	35	680	19.43
	加拿大魁北克大学	34	418	12.29
	巴基斯坦真纳大学	33	468	14.18
	加拿大蒙特利尔魁北克大学	33	415	12.58

数据来源：Incites 数据库，2021 年 2 月

2. 国际科技合作国外机构分布

表3－3.11 显示了四川省国际科技合作中合作规模与影响力排名前 20 的外国科研机构。表中可以看出，美国机构 7 个，新加坡 3 个，英国、德国、俄罗斯各 2 个，这表明四川省与美国机构国际科技合作最为紧密。在这 20 个国外科研机构中，美国加州大学国际科技合作论文数量最多，为 1616 篇，其次为美国得克萨斯大学，也超过了 1000 篇，其他机构国际科技合作论文也均在500 篇以上。

表3－3.11　四川省国际科技合作中与合作规模与影响力排名前 20 的外国科研机构

机构名称	国际合作论文数量	被引频次	篇均被引频次	0 被引论文占比
美国加州大学	1616	42729	26.44	13.49%
美国得克萨斯大学	1165	31222	26.80	10.13%

机构名称	国际合作论文数量	被引频次	篇均被引频次	0 被引论文占比
德国亥姆霍兹协会	862	28313	32.85	6.96%
法国国家科学研究中心	846	14764	17.45	8.98%
美国能源部	838	13877	16.56	7.04%
俄罗斯科学院	697	23933	34.34	6.60%
瑞典乌普萨拉大学	655	19426	29.66	6.11%
韩国首尔国立大学	631	25874	41.00	5.71%
美国哈佛大学	615	29301	47.64	13.66%
英国伦敦大学	600	28411	47.35	11.33%
俄罗斯国家研究中心－库尔恰托夫研究所	592	6204	10.48	6.42%
英国牛津大学	582	25563	43.92	6.01%
新加坡南洋理工大学	581	13483	23.21	16.70%
新加坡南洋理工大学和国立教育学院	581	13483	23.21	16.70%
新加坡国立大学	575	18637	32.41	12.87%
瑞典皇家理工学院	562	6357	11.31	8.72%
美国得克萨斯大学奥斯汀分校	561	11707	20.87	7.13%
德国马克斯·普朗克学会	551	10609	19.25	7.08%
美国麻省理工学院	538	9402	17.48	7.06%
美国加州大学伯克利分校	535	8936	26.44	13.49%

数据来源：Incites 数据库，2021 年 2 月

将四川省国际科技合作规模与影响力排名前十的机构的篇均被引频次和0被引论文占比两个指标作为对比，以 10 个机构指标综合值为基线（如图 3－3.13，圆圈大小代表国际科技合作论文数量），发现 10 个机构分布在四个象限内。数据显示，德国亥姆霍兹联合会、英国伦敦大学、美国佐治亚大学、新加坡国立大学、美国得克萨斯大学、美国能源部和美国佛罗里达州立大学 7 个机构综合指标数据较好，处于同一象限内；其次是美国哈佛大学和美国加州大学；新加坡南洋理工大学综合指标较弱。

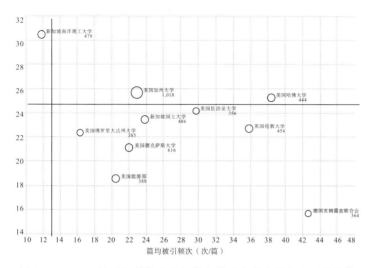

图 3-3.13 四川国际科技合作规模与影响力排名前十的国外机构

数据来源：Incits 数据库，2019 年 5 月

利用四川国际科技合作规模与影响力排名前十的国外机构与四川发文排名前十的 ESI 学科做矩阵，可以看出各个机构在 ESI 学科的规模分布。表 3-3.12 中数据显示，大部分国外机构国际科技合作论文集中在工程科学、临床医学、材料科学、物理学和化学领域，在计算机科学、分子生物学与遗传学、分子生物学与生物化学和环境/生态学领域，四川与国外机构国际科技合作论文产出相对较少。另外 TOP 10 机构中只与新加坡国立大学和南洋理工大学在计算机科学领域进行了国际科技合作，也只与美国能源部在环境/生态学领域有合作。

表 3-3.12 四川国际科技合作规模与影响力排名前十的国外机构与发文排名前十的 ESI 学科矩阵

机构	工程科学	化学	临床医学	材料科学	物理学	地球科学	计算机科学	生物学与生物化学	分子生物学与遗传学	环境/生态学
美国加州大学	234	117	205	/	374	/	/	/	97	/
美国得克萨斯大学	173	77	165	/	367	/	/	/	63	/
德国亥姆霍兹协会	120	63	35	31	488	/	/	/	/	/
法国国家科学研究中心	170	125	/	57	313	29	/	/	/	/
美国能源部	146	127	/	31	373	/	/	/	/	16
俄罗斯科学院	104	52	22	10	466	/	/	/	/	/

69

续表3－3.12

机构	工程科学	化学	临床医学	材料科学	物理学	地球科学	计算机科学	生物学与生物化学	分子生物学与遗传学	环境/生态学
瑞典乌普萨拉大学	105	45	28	8	444	/	/	/	/	/
韩国首尔国立大学	109	39	41	5	413	/	/	47	/	/
美国哈佛大学	/	/	234	/	54	/	/	/	80	/
英国伦敦大学	610	44	96	88	60	/	/	/	/	/

数据来源：Incites 数据库，2021 年 2 月

四、四川省企业国际科技合作

（一）专利及专利国际化

1. 四川国际专利申请

图 3－4.1、表 3－4.1 为四川和全国专利申请总量和海外申请量及其占比。2015—2019 年间，全国和四川专利申请量在 2017 年达到顶峰；国际专利申请数量占比也在当年达到顶峰。四川每年的国际专利海外申请量占比维持在 1% 左右，低于全国水平，2018—2019 年有下降趋势，四川在国际专利的布局方面尚需加强。

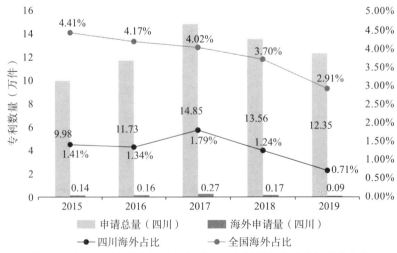

图 3－4.1 四川专利申请总量和四川、全国海外专利布局及其占比

数据来源：IncoPat 平台，2021 年 2 月

表 3 - 4.1 全国、四川专利申请总量，海外申请量及其占比详情

公开年	专利申请总量（万件）		海外申请量（万件）		海外占比	
	全国	四川	全国	四川	全国	四川
2015	267.65	9.98	11.80	0.14	4.41%	1.41%
2016	311.33	11.73	12.99	0.16	4.17%	1.34%
2017	362.94	14.85	14.57	0.27	4.02%	1.79%
2018	395.09	13.56	14.61	0.17	3.70%	1.24%
2019	410.07	12.35	11.92	0.09	2.91%	0.71%
总体	1747.10	62.48	65.88	0.82	3.77%	1.31%

数据来源：IncoPat 平台，2021 年 2 月

图 3 - 4.2、表 3 - 4.2 为 2015—2019 年，全国 10 个重点省市海外专利申请量及占比情况。其中广东海外专利申请数量最多，以 211.67 千件位居第一，在占比方面，北京最高，其次为广东和上海，均超过了 5%，其他省市在数量和占比上都较低；四川国际专利申请总量为 8196 件，在各重点省市中排名第8，但其国际专利申请占比仅高于陕西和重庆，优势不明显。

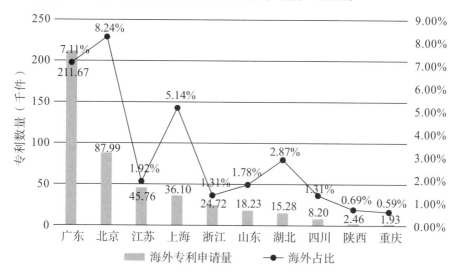

图 3 - 4.2 2015—2019 年全国 10 个重点省市海外专利申请量及占比

数据来源：IncoPat 平台，2021 年 2 月

表 3 - 4.2　2015—2019 年全国 10 个重点省市海外专利申请量及占比详情

省份/直辖市	专利申请总量（件）	海外专利申请量（件）	海外专利申请占比
广东	2975505	211666	7.11%
北京	1067519	87988	8.24%
江苏	2384132	45764	1.92%
上海	702822	36095	5.14%
浙江	1882166	24718	1.31%
山东	1025616	18230	1.78%
湖北	531741	15284	2.87%
四川	624756	8196	1.31%
陕西	354975	2456	0.69%
重庆	325617	1926	0.59%

数据来源：IncoPat 平台，2021 年 2 月

2. 国际专利国家分布

图 3 - 4.3 为 2015—2019 年间四川省海外国家/地区专利数量排名前十的布局情况。四川省申请的世界知识产权组织（以下简称 WIPO）的 PCT 专利数量最多，为 2916 件，其次是在美国申请的专利，为 1732 件；在澳大利亚申请的专利也超过了 600 件；在其他国家和地区申请专利相对较少。

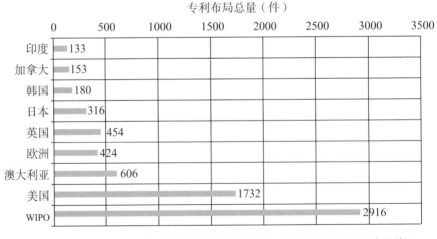

图 3 - 4.3　2015—2019 年四川省海外国家/地区专利数量排名前十的布局情况

数据来源：IncoPat 平台，2021 年 2 月

专利流向图借助专利技术起源地（专利优先权国）和专利技术扩散地（同族专利国家）来反映国家/地区之间的技术流向特征。四川申请专利的优先权国家分别是中国（5025 件）、美国（113 件）和 WIPO（68 件）；如图 3 - 4.4 所示，在优先权国为中国的 5025 件专利中，同族专利较多的是 WIPO、美国、欧洲和日本，分别为 513 件、177 件、155 件和 117 件，分别占比 10.21%、3.52%、3.08% 和 2.33%。

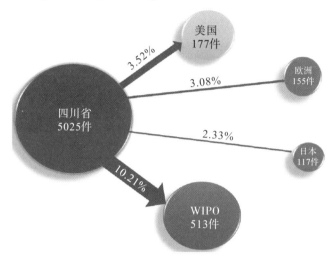

图 3 - 4.4 四川省中国优先权专利海外同族专利布局情况

数据来源：IncoPat 平台，2021 年 2 月

3. 国际专利产业分布

表 3 - 4.3 反映了四川省海外布局专利国民经济行业分类（大类）排名前十的产业海外专利情况。其中细分领域 C39（计算机、通信和其他电子设备制造业）以 826 件海外专利排名第一，其次是 C26（化学原料和化学制品制造业）704 件以及 C27（医药制造业）605 件，都超过了 500 件。总体看来，计算机、制造业、电子通信等产业国际专利布局最多。

表 3 - 4.3 四川省海外布局专利国民经济行业排名前十的产业及其海外专利数

序号	国民经济行业分类（大类）	专利数量（件）
1	C39（计算机、通信和其他电子设备制造业）	826
2	C26（化学原料和化学制品制造业）	704
3	C27（医药制造业）	605
4	C38（电气机械和器材制造）	554

序号	国民经济行业分类（大类）	专利数量（件）
5	C40（仪器仪表制造业）	482
6	C35（专用设备制造业）	413
7	I63（电信、广播电视和卫星传输服务）	362
8	C34（通用设备制造业）	314
9	C33（金属制品业）	92
10	C30（非金属矿物制品业）	89

数据来源：IncoPat 平台，2021 年 2 月

4. 国际合作专利申请

表 3－4.4 为四川省专利国际合作情况。根据专利合作定义，四川的国际合作专利的专利权人/申请人地址中会同时出现四川以及其他国家或地区，在四川省 8196 件海外专利中，共有 200 件符合上述条件的四川省国际合作专利，占所有海外专利的 2.44%。其中，四川省与美国合作的专利最多，达到了 128件，其次为与 WIPO 合作的 108 件，与欧洲和日本的合作专利也相对较多，均超过 40 件。

表 3－4.4　四川省专利国际合作情况（单位：件）

美国	WIPO	欧洲	日本	加拿大
128	108	46	42	35
韩国	澳大利亚	以色列	新加坡	—
35	32	24	24	—

数据来源：IncoPat 平台，2021 年 2 月

表 3－4.5 反映了四川省国际合作专利国民经济行业分类（大类）排名前十的产业国际合作专利情况。在 200 件四川省国际合作专利中，其中细分领域 C39（计算机、通信和其他电子设备制造业）以 61 件排名第一，其次 C27（医药制造业）54 件，都超过了 50 件。总体看来，计算机、制造业、电子通信等产业国际合作专利布局最多。

表3-4.5　四川省国际合作专利国民经济行业排名前十的产业及其国际合作专利数

序号	国民经济行业分类（大类）	专利数量（件）
1	C39（计算机、通信和其他电子设备制造业）	61
2	C27（医药制造业）	54
3	C38（电气机械和器材制造业）	17
4	C26（化学原料和化学制品制造业）	12
5	C34（通用设备制造业）	10
6	C40（仪器仪表制造业）	9
7	C36（汽车制造业）	8
8	C33（金属制品业）	7
9	C35（专用设备制造业）	6
10	I63（电信、广播电视和卫星传输服务）	6

数据来源：IncoPat平台，2021年2月

图3-4.5、表3-4.6反映了四川国际合作专利、海外布局专利数量及杠杆效力的情况。国际合作专利对于不同产业专利在海外布局情况具有不同的杠杆效力，各行业的情况有所偏差。杠杆效力最高的为C27（医药制造业），其百分比达到了8.19%，说明在此领域中，四川的国际合作专利对海外布局情况具有一定的影响力和带动力，其次是C39（计算机、通信和其他电子设备制造业）；而杠杆效力最小的是C40（仪器仪表制造业）和C26（化学原料和化学制品制造业），说明在这些领域，四川具有一定的独立研究能力。杠杆效力百分比既能体现国际合作专利对专利海外布局的带动性，也可展示专利在海外布局时对国际合作专利的依赖性；越多的海外布局专利能够体现一个地区的专利申请质量和强度，而其中包含较少的国际合作专利和更低的杠杆效力可展现出其独立研究、开发、成果转化的优势。

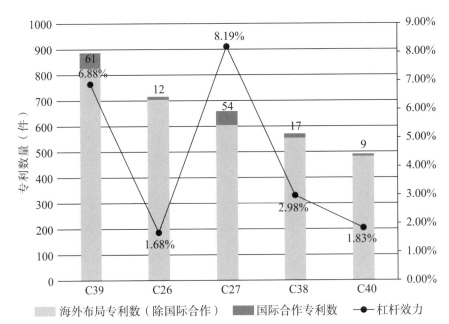

图 3－4.5　四川国际合作专利、海外布局专利数量及杠杆效力情况

数据来源：IncoPat 平台，2021 年 2 月

表 3－4.6　四川国际合作专利、海外布局专利数量及杠杆效力详情

TOP 5 专利国民经济行业分类	海外布局专利数（件）	国际合作专利数（件）	杠杆效力
C39（计算机、通信和其他电子设备制造业）	826	61	6.88%
C26（化学原料和化学制品制造业）	704	12	1.68%
C27（医药制造业）	605	54	8.19%
C38（电气机械和器材制造业）	554	17	2.98%
C40（仪器仪表制造业）	482	9	1.83%

数据来源：IncoPat 平台，2021 年 2 月

　　表 3－4.7 为四川国际合作专利国民经济行业分类 TOP5 产业的国家/地区分布情况。可见，四川在美国、WIPO 及欧洲布局较多，覆盖程度几乎包揽每项产业方向的前三位。值得关注的是排名前五的产业中各个分类的专利布局都比较广泛，在多个国家或地区都申请了专利。

表 3 - 4.7　四川国际合作专利排名前十的 DWPI 产业国家/地区分布及覆盖度

TOP 5 专利国民经济行业分类	分布国家或地区（件）	
C39（计算机、通信和其他电子设备制造业）	美国（56）	WIPO（8）
C27（医药制造业）	WIPO（47）	欧洲（31）
C38（电气机械和器材制造业）	美国（14）	WIPO（9）
C26（化学原料和化学制品制造业）	美国（9）	WIPO（9）
C34（通用设备制造业）	美国（8）	WIPO（8）

数据来源：IncoPat 平台，2021 年 2 月

表 3 - 4.8 为 2015—2019 年，四川省国际合作专利前几名的合作机构情况。

表 3 - 4.8　2015—2019 年四川省国际合作专利主要合作机构情况

排名	机构名称	所属国家/地区	合作专利数（件）
1	Systimmune 公司	美国	45
2	英国泰连电子有限公司	英国	7
3	LU Boyan	美国	4
4	SIEMENS AKTIENGESELLSCHAFT	德国	3

数据来源：IncoPat 平台，2021 年 2 月

表 3 - 4.9 中数据可见，在四川省参与的 200 件国际合作专利中，业成科技（成都）有限公司以 60 件专利排名第一，远超其他专利权人。其次是四川百利药业集团，拥有 42 件国际合作专利。精良电子（成都）有限公司和成都海存艾匹科技有限公司也参与申请了超过 10 件国际合作专利。在排名靠前的四川省国际合作专利申请人中，通过机构名称可以看出，电子和制药相关行业的机构最多，说明四川省在这两项领域中参与国际合作的专利较多，进而看出四川在这两个方向上研究内容和成果得到国际认可。

表 3 - 4.9　四川省内国际合作专利主要申请人

排名	四川省申请人/专利权人	专利数量
1	业成科技（成都）有限公司	60
2	四川百利药业集团	42
3	精量电子（成都）有限公司	15
4	成都海存艾匹科技有限公司	12
5	电子科技大学	4

数据来源：IncoPat 平台，2021 年 2 月

（二）国际间技术转移

图 3 - 4.6，表 3 - 4.10 为 2015—2019 年四川及全国主要省市专利转让情况。四川省的 4615 件国际专利中，有 1077 件专利进行了转让，从转让专利数量上看，四川省排名较为靠后，仅高于重庆和陕西，但从转让专利占比（与其海外专利总量之比）看，四川转让占比达到了 23.34%，排名靠前。总体来看，四川虽未能在海外专利布局和专利转让数量上取得优势，但其在转让占比上的表现较为突出，侧面反映其海外专利质量较高。

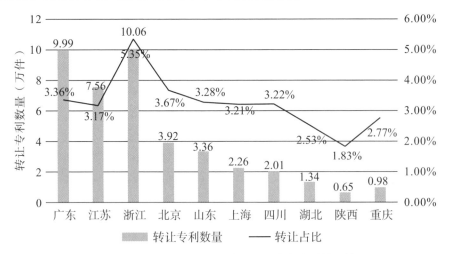

图 3 - 4.6　2015—2019 年四川及部分省市专利转让情况

数据来源：Derwent Innovation 平台

表 3－4.10　2015—2019 年四川及其他省市专利转让详情

省份/直辖市	专利转让数（件）	海外布局专利（件）	专利转让占比
北京	31744	77438	40.99%
上海	14540	40263	36.11%
湖北	1455	4834	30.10%
重庆	537	2147	25.01%
四川	1077	4615	23.34%
陕西	334	1489	22.43%
浙江	3242	15890	20.40%
江苏	3770	22044	17.10%
山东	1516	8984	16.87%
广东	18304	139573	13.11%

数据来源：Derwent Innovation 平台

（三）四川省国际商标情况

1. 马德里商标情况

马德里商标国际注册体系具有简便、快捷等特点，被称为中国企业和品牌"走出去"的"绿色通道"。图 3－4.7 为 2015—2019 年四川机构申请马德里商标数量。2015—2019 年，四川的机构共申请注册马德里商标 231 件，呈现出逐年上涨的趋势。

图 3－4.7　2015—2019 年马德里商标申请数量图（四川机构）

数据来源：Derwent Innovation 平台，2021 年 2 月

图 3－4.8、图 3－4.9 为四川机构申请马德里商标类别情况。四川机构申请的马德里商标以单一类别商标为主，但多类别商标数量也占了 1/3，说明四川机构在注册商标时也较为注重商标保护力度。马德里商标注册前十类类别中第 9 类为注册最多的类别，注册数量为 45 种。

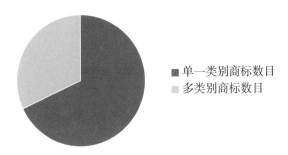

图 3－4.8　马德里商标申请类别（四川机构）对比图

■单一类别商标数目
□多类别商标数目

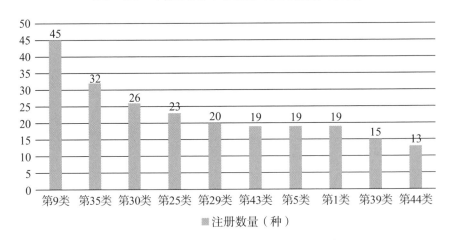

■注册数量（种）

图 3－4.9　马德里商标注册类别前十类（四川机构）

在尼斯分类表中，1 到 34 类是商品类，35 到 45 是服务类，四川机构申请排名前十的商标分类如图 3－4.9 和表 3－4.11 所示。

表 3-4.11　四川机构申请马德里商标前十类别示意表

商标类别	商标范围
第 9 类	科学，研究，导航，测量，摄影，电影，视听，光学，称重，测量，信号，检测，测试，检查，救生和教学仪器和仪器；用于进行转换，累积，调节或控制电力分配或使用的装置和仪器；用于记录，传输，再现或处理声音，图像或数据的装置和仪器；记录和下载的媒体，计算机软件，空白数字或模拟记录和存储媒体；投币装置的机制；收款机，计算设备；计算机和计算机外围设备；潜水服，潜水员的面具，潜水员的耳塞，潜水员和游泳者的鼻夹，潜水员手套，水下游泳用呼吸器；灭火装置
第 35 类	广告；商业管理；商业管理；办公室功能
第 30 类	咖啡，茶，可可和人造咖啡；米饭，面食和面条；木薯和西米；面粉和谷物制成的制剂；面包，糕点和糖果；巧克力；冰激凌，果汁冰糕和其他食用冰；糖，蜂蜜，糖蜜；酵母，发酵粉；盐，调味料，香料，腌制草药；醋，酱汁和其他调味品；冰（冷冻水）
第 25 类	服装，鞋类，头饰
第 29 类	肉类，鱼类，家禽和野味；肉提取物；保存，冷冻，干燥和煮熟的水果和蔬菜；果冻，果酱，蜜饯；蛋；牛奶，奶酪，黄油，酸奶和其他奶制品；油和食物的脂肪
第 43 类	提供食物和饮料的服务，临时住宿
第 5 类	制药，医药和兽医制剂；医疗用卫生用品；营养食品和适合医疗或兽医使用的物质，婴儿食品；人类和动物的膳食补充剂；膏药，敷料；正牙材料，牙科蜡；消毒剂；摧毁害虫的准备工作；杀菌剂，除草剂
第 1 类	用于工业，科学和摄影以及农业，园艺和林业的化学品；未加工的人造树脂，未加工的塑料；灭火和防火组合物；回火和焊接准备；用于鞣制动物皮和皮革的物质；工业用黏合剂；油灰和其他糊状填料；堆肥，肥料，肥料；用于工业和科学的生物制剂
第 39 类	运输，货物的包装和储存，旅行安排
第 44 类	医疗服务，兽医服务，为人类或动物提供卫生和美容护理，农业、园艺和林业服务

　　从商标申请的数量趋势可以看出，四川企业的版权意识确实在逐步增强，随着我国对马德里商标申请"绿色通道"的构筑，相信商标申请数量也将继续保持增长的趋势。从申请类别排名中可以看出四川机构申请的马德里商标大多是商品类，其中科研仪器和食品居多。在服务类中，广告、商务、医疗、农林、运输物流类居多。这在一定程度上反映出四川企业在国际竞争中更有优势、更为看重的是食品类、有科技含量的装置类商品；服务类中，则更看重广告、商务和医疗、农林等。

2. 欧盟商标情况

欧盟商标（European Union Trademark，EUTM）原称共同体商标（Community Trademark，CTM），最早是由欧洲内部市场协调管理局（OHIM）管理。2016 年 3 月 23 日通过的欧盟商标条例将 OHIM 改为 EUIPO（European Intellectual Property Office），正式称为欧盟知识产权局，同时管理欧盟商标与外观设计专利，随之将共同体商标（CTM）正式改为欧盟商标（EUTM）。与中国体系不同的是，EUTM 体系有"快速通道"和"标准通道"两种程序。EUIPO 收到的知识产权权利申请中，电子提交的比例超过 99%。这不仅便于中国申请人在本地进行申请，而且在不久的将来还便于知识产权所有人自行进行申请。区别于马德里体系对申请人的限制，欧盟商标没有限制，任何人都可以提交申请。

如图 3 - 4.10 所示，2014 年—2018 年，四川机构申请欧盟商标共 112 件，数量上略微少于马德里商标体系的数量。2014—2017 年数量上平缓增长，2018 年迎来较快增长，同比增幅 70%。

图 3 - 4.10　四川申请欧盟商标数量图（2014—2018）

如图 3 - 4.11 所示，对比马德里商标体系的申请情况，在欧盟商标体系中，四川机构申请的多类别与单一类别的占比差距不大，这说明四川的机构针对不同体系特点，在申请注册上也有不同选择。

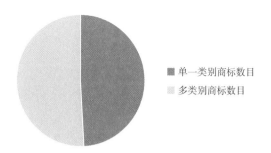

■ 单一类别商标数目
□ 多类别商标数目

图 3 - 4.11　欧盟商标申请类别（四川机构）对比图

表 3 - 4.12　四川欧盟商标申请高频次分类表

商标类别	频次	商标范围
第 35 类	24	广告；商业管理；商业管理；办公室功能
第 9 类	20	科学，研究，导航，测量，摄影，电影，视听，光学，称重，测量，信号，检测，测试，检查，救生和教学仪器和仪器；用于进行，转换，累积，调节或控制电力分配或使用的装置和仪器；用于记录，传输，再现或处理声音，图像或数据的装置和仪器；记录和下载的媒体，计算机软件，空白数字或模拟记录和存储媒体；投币装置的机制；收款机，计算设备；计算机和计算机外围设备；潜水服，潜水员的面具，潜水员的耳塞，潜水员和游泳者的鼻夹，潜水员手套，水下游泳用呼吸器；灭火装置
第 30 类	18	咖啡，茶，可可和人造咖啡；米饭，面食和面条；木薯和西米；面粉和谷物制成的制剂；面包，糕点和糖果；巧克力；冰激凌，果汁冰糕和其他食用冰；糖，蜂蜜，糖蜜；酵母，发酵粉；盐，调味料，香料，腌制草药；醋，酱汁和其他调味品；冰（冷冻水）
第 10 类	17	外科，医疗，牙科和兽医仪器和仪器；假肢，眼睛和牙齿；骨科用品；缝合材料；适合残疾人士的治疗和辅助器具；按摩器具；哺乳婴儿的器具，装置和物品；性活动器具，装置和物品
第 43 类	14	提供食物和饮料的服务；临时住宿。
第 5 类	11	制药，医药和兽医制剂；医疗用卫生用品；营养食品和适合医疗或兽医使用的物质，婴儿食品；人类和动物的膳食补充剂；膏药，敷料；正牙材料，牙科蜡；消毒剂；摧毁害虫的准备工作；杀菌剂，除草剂。

　　在欧盟商标中出现频次 10 次以上的类别如表 3 - 4.12 所示，可以看出除了第 10 类，欧盟商标和马德里商标出现的高频次类别是重合率非常高的。第 10 类的医疗装置、器具没有出现在马德里商标高频词排行中，说明四川更重视在欧盟商标国家中此类商品的保护。

从商标申请的数量趋势可以看出，除了2018年增长速度较快以外，其他年份欧盟商标申请的数量基本持平，与欧盟商标申请趋势形成鲜明对比，近年来四川的申请人还是更为热衷马德里商标体系。

从单一商标和多类比商标申请的对比中可见，这两类商标基本各占一半，并没有更加倾向于多类别、更全面的保护。

从申请类别排名中可以看出，欧盟商标申请的高频次类别与马德里商标基本重合，科研仪器和食品居多。不同的是服务类商标申请最多，其中以广告、商务、医疗、农林、运输物流类居多。这在一定程度上反映出四川企业较之马德里联盟在欧盟成员国更热衷发展服务行业。

3. 日本商标情况

如表3-4.13所示，2014—2018年，四川申请登记的日本商标共计25个，在数量上明显低于马德里商标和欧盟商标登记注册量。

表3-4.13　日本商标申请数（2014—2018）

时间	申请登记个数
2014 年	4 个
2015 年	4 个
2016 年	2 个
2017 年	7 个
2018 年	8 个

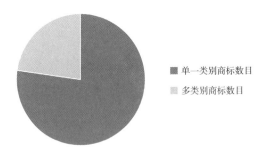

图3-4.12　日本商标类别（四川机构）对比图

如图3-4.12所示，申请日本商标时，四川机构绝大多数选择的是单一类别，究其原因，除了自身保护机制需求的调整，还因为日本商标在分类上，有自己单独的分类体系表，不同于马德里体系和欧盟体系的尼斯商标分类。

如表3-4.14所示，在申请类别上，出现最多的是第9类、第5类、第1

类、第 30 类。科技装置器具、食品跟马德里体系和欧盟体系一样是最高频次列队的，医疗和化工产品也上榜，但是由于日本商标申请总数不高，申请类别较为分散，高频次的数量也是不高的。

表 3-4.14　四川日本商标注册类别

注册类别	频次	涉及项目
第 9 类	5	科学、航海、测地、摄影、电影、光学、衡具、量具、信号、检验（监督）、救护（营救）和教学用具及仪器，处理、开关、传送、积累、调节或控制电的仪器和器具，录制、通讯、重放声音和形象的器具，磁性数据载体，录音盘，自动售货器和投币启动装置和投币启动装置的机械结构，现金收入记录机，计算机和数据处理装置，灭火器械
第 5 类	3	医用和兽医用制剂，医用卫生制剂，医用营养品，婴儿食品，膏药，绷敷材料，填塞牙孔和牙模用料，消毒剂，消灭有害动物制剂，杀真菌剂，除锈剂
第 1 类	3	用于工业、科学、摄影、农业、园艺和林业的化学品，未加工人造合成树脂，未加工塑料物质，肥料，灭火用合成物，淬火和金属焊接用制剂，保存食品用化学品，鞣料，工业用黏合剂
第 30 类	3	咖啡，茶，可可，糖，米，食用淀粉，西米，咖啡代用品，面粉及谷类制品，面包，糕点及糖果，冰制食品，蜂蜜，糖浆，鲜酵母，发酵粉，食盐，芥末，醋，沙司（调味品），调味用香料，饮用水

4. 小结

纵观四川申请人在境外申请国际商标的情况，总量呈现递增趋势，维权意识日渐加强，申请类别上体现了不同策略。在未来要进一步提升四川境外商标保护力度，可以从以下方面着手。

（1）进一步引导与支持四川机构注册境外商标。

目前对境外商标申请有资助的市有：成都市（可申报领取单件注册商标资助，国际注册商标每件 4500 元）；广安市（马德里商标：每件 10000 元）。由此可见资助广度、力度都不够，应在全省范围内给予企业注册境外商标奖励支持。还应加强包括政策宣讲、专项培训等工作，帮助企业掌握境外商标注册选择上的方向方式。

（2）加强对知识产权中介服务机构的扶持。

除了大规模型企业以外，广大中小企业对国际知识产权的认识普遍专业性相对较弱，应对知识产权中介服务机构加强扶持与监管，力求培养一批专业性强、效率高的中介服务机构为四川企业的境外商标申请注册以及后续需求做好服务。

（3）普及维权相关知识，构筑强力维权机制。

组织针对性强的维权知识宣传，对四川在境外的拳头行业领域，加强对行业协会相关工作的维权指导，比如食品行业等，进一步杜绝类似"白家"商标在境外被抢注事件的发生。构筑起信息通达反应机制，建立具有四川特色的境外商标维权体系。

五、四川省国际科技合作发展总体特征

基于上述分析，不难看出，四川省科技国际合作情况在西部地区表现较好，但与发达省市相比具有一定的差距，具体而言具有以下特征。

（1）国际合作规模和合作范围持续扩大，合作质量有待进一步提升。

从国家自然科学基金委 2015—2018 年资助的海外及港澳学者合作研究项目和金额来看，四川海外及港澳学者合作研究资助项目数量和金额占全国的比重均呈波动上升趋势，分别从 2014 年的 2.10% 和 0.90% 上升到 2018 年的 4.90% 和 10.65%。2018 年国家自然科学基金委员会对四川海外及港澳学者合作研究的资助金额占到全国的十分之一，四川海外及港澳学者合作研究单位项目平均资助金额为 57 万元，在我们选取的十个省市中（北京、上海、广东、江苏、浙江、山东、湖北、四川、重庆、陕西），仅次于湖北，位居第二。从国际科技合作的论文数量来看，四川国际科技合作论文占比从 2015 年的 21.0% 增长至 2019 年 24.2%。从川内合作机构来看，"211""985"高校和央属科研院所国际科技合作论文规模优势明显。从国际合作范围来看，四川省国际科技合作国家或地区从 2015 年的 120 个增长至 2019 年的 163 个；2015 年国际科技合作论文规模超过 100 篇的国家或地区为 17 个，2019 年为 33 个。

四川国际科技合作论文在规模上持续上升，但合作的质量仍有待提升。从篇均被引频次来看，四川省国际科技合作论文篇均被引为 8.06 次，低于中国国际科技合作论文篇均被引频次 8.32 次，远低于上海的 9.39 次。从高被引论文情况来看，四川省的 ESI 高被引论文占比仅为 2.48%，低于广东、湖北、江苏等省份。

（2）企业在国际科技合作中的作用凸显，自主创新能力仍有待加强。

从 R&D 经费来看，企业尤其是规上企业是 R&D 经费以及外资的主要执行部门，在四川科技国际合作方面具有主体作用，明显强于其他科研主体。国外R&D 经费来源中，3/4 以上的经费流向了企业。尽管规上企业为开展国际合

作主体，但科研院所与高校越来越多地参与到国际合作中。

从技术引进经费支出情况来看，四川规上企业用于引进国外先进技术的投入不断增大，但是规上企业对于引进技术的消化吸收支出较低。较低的 R&D 经费投入和消化吸收经费支出大大抑制了四川省引进技术外溢效应的发挥，滋长了对外来技术的依赖性，形成了较高的技术对外依存度。

（3）基础研究方面以重大项目合作为主，优势学科发挥着重要作用。

国际合作重大项目在四川布局较好，2014—2018 年全国海外及港澳学者合作研究单位项目资助金额平均为 45 万元，四川海外及港澳学者合作研究单位项目平均资助金额为 57 万元，仅次于湖北。

国际科技合作的重点学科集中在四川省的优势学科上。从海外及港澳学者合作研究项目来看，在四川，信息、数理科学、地球科学方面的资金额较多。从四川在全国的占比来看，四川在地球、医学、数理、化学科学中的占比较高，分别为 8.46%、8.30%、8.22%、8.06%。四川在八大学科均有涉及，学科分布较为均匀，其中医学、数理、生命、信息、化学处于各主要省市中上水平。从科技项目支持来看，资金与项目方面，四川海外及港澳学者合作研究资助项目与金额呈较好发展态势，属于资助项目较少、资助金额较多类型，四川单位项目资助金额处于全国领先水平，位居第二，说明国际合作重大项目在四川布局较好。学科分布方面，医学、数理、信息、化学、生命科学是四川国际合作优势学科，其中化学、生命、医学、数理科学方面的单位项目资助金额较大。

（4）国际科技合作紧跟研究前沿和热点，合作助推学科质量的提升。

四川在热点论文上表现突出，反映了四川在国际科技合作上紧跟研究前沿和热点。四川热点论文占比 0.11%，全国最高为广东的 0.14%。

四川开展国际科技合作对这些学科获得高质量科研成果贡献较大。从四川各学科国际科技合作论文与整体论文高被引论文占比来看，大部分学科国际科技合作论文高被引论文占比高于四川各学科整体论文高被引论文占比，特别是在生物学与生物化学、化学和数学领域，各学科高被引论文占比均提高了 2 个百分点以上；其他如分子生物学与遗传学、材料科学、物理学、临床医学和工程科学等 15 个学科高被引论文占比都有不同程度的提高。

（5）主要科技大国为科研合作重点国家，与区域/组织合作有所侧重。

从国家来看，美、欧、日等主要科技大国是四川开展国际科研合作的主要伙伴。美国是四川国际合作的最多的国家，论文产出为 13818 篇，占据了四川国际科技合作论文的 46.37%，其次是英国和澳大利亚，合作论文产出也都超过了 2000 篇。从区域/组织来看，这些国家仍然是合作的重点国家，但是合作的学科领域有所侧重。OECD 国家科研合作论文集中在临床医学、分子生物学与遗传学、神经科学与行为、生物学与生物化学和精神病学/心理学等领域；"一带一路"沿线国家国际科技合作论文集中在物理学、计算机科学、化学、工程科学和数学等领域；南向开放国家国际科技合作论文集中在计算机科学、工程科学和物理学等领域。

（6）海外专利布局规模较小但质量较高，国际专利独立研发能力强。

从四川国际专利申请量来看，虽然其国际专利数量保持逐年增长，但其占总专利申请量的比重较低，平均为 1.31%，远低于全国的水平（3.77%）。

从海外专利的国际合作情况来看，在四川省 8196 件海外专利中，只有 200 件国际合作专利，仅占所有海外专利的 2.44%。其中，四川省与美国合作的专利最多，达到了 128 件，其次为世界 108 件，欧洲和日本也相对较多，均超过 40 件。

（7）主导产业是国际专利合作重点方向，主要布局在 WPO 与美国。

在 200 件四川省国际合作专利中，国民经济行业分类（大类）中细分领域 C39（计算机、通信和其他电子设备制造业）以 61 件排名第一，其次（医药制造业）54 件，都超过了 50 件。总体看来，计算机、制造业、电子通信等产业国际合作专利布局最多。

从国际合作专利的覆盖情况来看，TOP10 DWPI 产业分类的合作专利中，四川在美国、WIPO 及欧洲布局较多，覆盖程度几乎包揽每项产业方向的前三位。

第四章　四川省国际科技合作主体情况调研

一、调查目的

通过调研、访谈的研究方法以明确四川省企业、科研院所和政府的国际科技合作的发展状况，进一步明晰当前合作过程中遇到的问题和难点，从而对症下药，提出针对性的解决方法，以帮助我省企业、科研院所以及政府在国际科技合作中取得一定的竞争优势。

二、调查方法和数据收集

在调查前期准备工作中，编者梳理、整合了调查中心相关基础资料，建立了具有可操作性的样本框，主要涉及开展国际科技合作可能性较大的行业，包括白酒制造、茶种植及加工、电子制造及技术服务、轨道交通、航空服务及设备制造、环保设备制造及技术推广、集成电路、节能新材料、农业、网络技术服务与软件应用开发、医疗、智能设备等。然后利用问卷和访谈相结合的方式对四川省企业、科研机构和政府的国际科技合作现状进行了调研。

问卷调查法是目前国内外实证研究经常采用的数据获取方法，这种方法的优点就是简便、灵活，最重要的是能够获取可靠的一手资料和数据。

调研活动分为五个阶段进行。

第一阶段是初步的调查研究，编者首先针对研究对象设计了调研提纲，以面对面访谈的方式进行了初步调研，为下一阶段设计针对性较强、效度较高的问卷打下了基础。

第二阶段是问卷的设计。为了使变量运用更有说服力，编者在仔细查阅了大量相关文献的基础上结合初步调研结果编制了问卷。为方便调查对象的填写，问卷主要采用选择题的形式，并将有些题型设为多项选择，以便更真实地反应调研对象的现状。

第三阶段是问卷的试填与修改。为防止遗漏、含糊、不恰当等一些潜在问题出现在问卷设计中，编者在正式调查的全部样本中随机抽取了部分样本，严格按照正式调查的要求和方式发放试卷，并试填相关问卷，对问卷中出现的问题进行适当的修改和补充。

第四阶段是问卷的发放、填写与回收。

第五阶段是问卷的统计分析。

本次调研活动旨在通过对四川省企业、政府和科研院所发放调查问卷及访谈，了解四川省企业、政府和科研院所开展国际科技创新合作的现状，总结出在发展过程中存在的问题，为接下来的研究做准备。本次调研共发放调查问卷42336份，回收有效问卷910份，其中开展国际科技合作的有100份；发放政府问卷21份，回收有效问卷13份；发放科研院所问卷182份，回收有效问卷61份。

三、调研结果分析

（一）企业

1. 问卷设计

问卷共包括28个问题，分为四部分。第一部分是对企业基本情况的了解；第二部分是对企业开展国际科技合作现状的调查；第三部分是对企业开展国际科技合作影响因素的调查；第四部分是对企业国际科技合作效果的调查。

2. 四川省企业国际科技合作现状

（1）企业性质。

如图4-3.1所示，本次问卷调查共涉及有效数据100份，其中私营企业占66%，国有企业占14%，混合所有制企业占8%。问卷调查符合当今的市场现状，私营企业的数量在企业总数中占据优势地位，并且主动参与国际科技合作，与国外企业及机构保持良好的国际科技合作关系来提升自己的科研能力。而国有企业参与国际科技合作的能力不强。

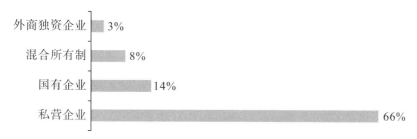

图 4 - 3.1 参与调研企业性质统计图

（2）合作对象。

从图 4 - 3.2 中可以看出，进行国际科技合作的对象主要为企业、科研院所和高校。而这些单位也是进行科研创新的主力军。以后应该加大与其进行合作的频度和深度。

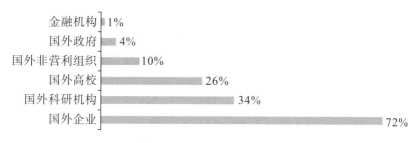

图 4 - 3.2 参与调研企业国际科技合作对象统计图

（3）合作国别。

从图 4 - 3.3 中可以看出，在我省企业参与国际科技合作的国家中，合作主体还是美国、日本、德国、英国、俄罗斯等发达及发展中国家，与东亚、东南亚等地区的国家也有一定的合作。由统计数据可以看出，我国与"一带一路"沿线国家，非洲、南美洲的国家合作较少。

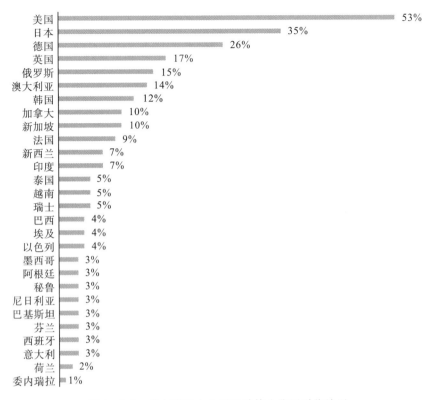

图 4-3.3　参与调研企业国际科技合作国别统计图

（4）主要合作领域。

从图 4-3.4 中可以看出，四川省企业国际科技合作的领域比较广泛，主要集中在软件与信息服务、智能装备、医药健康等领域，从选择取向上来看，与四川省未来重点发展领域有着高度的一致性，如软件与信息服务、医药健康、智能装备等，都是四川省"十三五"期间要重点发展的领域。除此之外，在金属材料、丝绸、食品等领域也有一定的合作。我省企业应该在保持这些合作领域的同时，积极拓展新的合作领域，丰富四川省开展国际科技合作的领域。

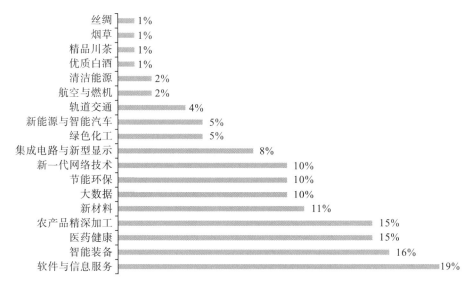

图4-3.4　参与调研企业国际科技合作领域统计图

（5）主要经费来源。

从图4-3.5中可以看出，企业参与国际科技合作的经费来源主要为单位自筹，从外部获取的支持较少。这不利于扩大企业进行国际科技合作的力度和深度。未来应该加大科技中介、金融机构、政府等方面的支持力度。

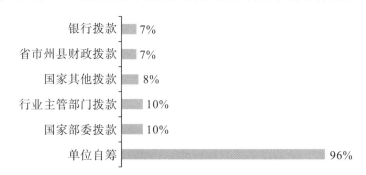

图4-3.5　参与调研企业国际科技合作的经费来源统计图

（6）建立合作关系的途径。

从图4-3.6中可以看出，企业参与的国际科技合作，主要是企业自己联系的，占比高达74%，30%是通过对方主动联系，熟人引荐和行业协会引荐比例分别达到了25%和21%，而通过互联网平台、政府牵引、中介机构、会议、展会、投资方联系等方式建立合作关系的较少。

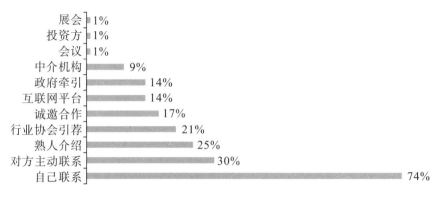

图4-3.6 参与调研企业国际科技合作途径统计图

（7）合作方式。

从图4-3.7中可以看出，在开展国际科技合作的企业中，企业参与的国际科技合作的合作方式主要是人员交流，占比高达70%，同时还通过开展联合研发、测试、与机构签署合作协议、举办国际科技合作会议与论坛、培训等形式进行合作。从数据分析结果来看，我省企业应该积极参与国际大型基础设施建设、国际大科学计划和工程方面的国际科技合作活动。

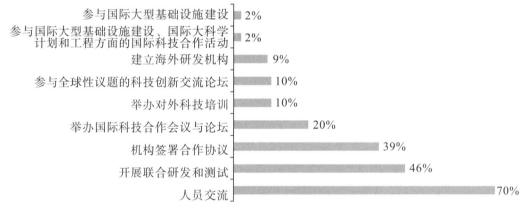

图4-3.7 参与调研企业国际科技合作方式统计图

（8）企业做出合作决策的影响因素。

由图4-3.8中的分析数据可知，影响企业做出合作决策最重要的因素主要是合作研发和引进技术，出口产品、培养人才、引进设备和人才等也会对企业开展国际科技合作产生一定的影响。

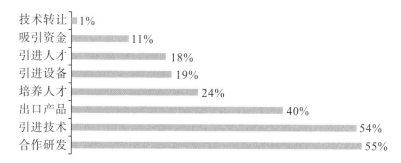

图4-3.8 参与调研企业做出合作决策的影响因素统计图

（9）合作原因。

如图4-3.9，参与调研的企业进行国际科技合作的原因出于以下几种。"合作伙伴与自身有共同的目标和利益"是企业与合作伙伴开展国际科技合作最重要的影响因素，占比高达78%。而"中介机构如科研合作机构积极为国际科技合作牵线搭桥"这一选项仅占6%，证明中介机构目前参与企业国际科技合作的力度还不够强，未来要加大中介机构的活跃度。另外政府的支持力度还有一定的提升空间，目前所起的作用并没有完全得到企业的认可。

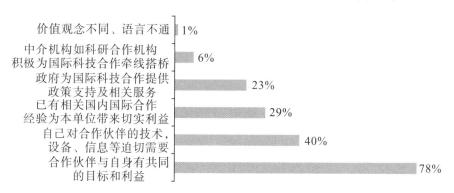

图4-3.9 参与调研企业建立并维持国际科技合作的影响因素统计图

（10）合作效果。

由图4-3.10可知，绝大多数企业通过国际科技合作取得了一定的成果，产生了不错的效果，认为通过国际科技合作，企业在生产制造、技术、人资、行业地位等各方面都获得了提升。但在政府支持方面还有所欠缺，因此未来政府要加强对企业的支持力度。

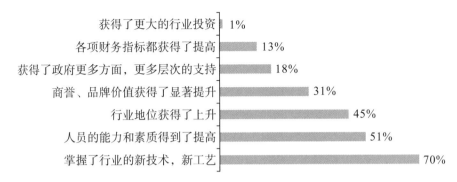

图 4-3.10　参与调研企业国际科技合作效果统计图

（11）合作效果的影响因素。

技术的成熟度、实用性以及工程化程度适应性和本单位对技术的掌握运用能力、进行二次技术开发的能力是影响企业与合作单位合作效果的重要因素。除此之外，技术引进方式、成本以及本单位决策层的战略意识也会对合作效果产生一定的影响。各企业可根据图 4-3.11 中所述的影响因素合理地选择适合自身发展的合作伙伴。

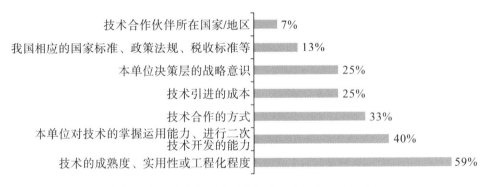

图 4-3.11　参与调研企业合作效果的影响因素统计图

（12）未开展国际科技合作的原因。

由图 4-3.12 可知，在收回的 910 份有效问卷中，开展国际科技合作的仅有 100 家，绝大部分企业并没有开展国际科技合作，其中 57.4% 的企业是由于无国际科技合作方面的需求；35.9% 的企业是有国际科技合作方面的需求的，其中 18% 是找不到合适的合作单位，有 17.9% 的是无合作经费，有 1.9% 的企业认为自身实力不够，还有 4.8% 的企业正在策划中。由此可见，找不到合适的合作伙伴以及无合作经费是有合作需求的企业开展国家科技合作所面临的最亟待解决的问题。

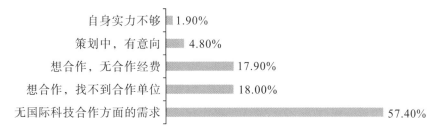

图 4 - 3. 12 参与调研企业合作效果的影响因素统计图

（二）科研机构

1. 问卷设计

四川省科研机构国际科技合作调研问卷共涉及四个部分：前言、基本信息、合作过程、国际科技合作影响因素重要性判断。问卷调查旨在了解四川省各科研机构科技合作基本现状，如国际科技合作经费投入情况、合作领域、合作国别、合作方式及合作影响因素等。

基本信息部分主要包含单位名称、科研经费投入情况及国际科技合作项目、合作国别、合作对象类型、合作领域、合作方式等。合作过程部分主要包含合作影响因素、合作所面临的困难。影响因素部分主要是科研院所建立并维持国际科技合作关系的影响因素。

2. 四川省科研机构国际科技合作现状

（1）合作对象。

由图 4 - 3. 13 可知，四川省科研机构进行国际科技合作的主要对象类型是国外高校、科研机构和企业，与企业和非营利组织也有一定的合作。说明目前四川省科研机构进行国际科技合作的主要合作对象集中在高校和科研机构，因此应该扩大合作对象的范围，加强与企业及非营利组织的合作，提高国家科技合作的广度。

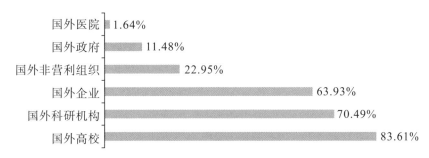

图 4 - 3. 13 参与调研科研院所国际科技合作对象类别统计图

（2）合作国别。

基于问卷调查数据（图4-3.14）可知，四川省科研机构国际科技合作国家及地区的特点。与四川省科研机构进行国际科技合作的国家共有32个，合作国家广泛，主要以发达国家为主，其中与美国合作最多，这是由于美国所处当今世界科学技术中心地位所决定的。其次是英国、德国、日本、加拿大等发达国家。其中南向开放国家，主要分布在大洋洲，如澳大利亚、新西兰，此外，还包括泰国在内的其他东南亚国家。除统计图列出的国家外，与以色列、缅甸、坦桑尼亚、越南、尼日利亚等国家也有一定的国际科技合作。根据统计数据，与四川省进行国际科技合作的国家数量还是可观的，其中不乏一部分"一带一路"沿线国家，由于四川省是"一带一路"倡议的主要交通走廊，四川省应该重点加强与"一带一路"沿线国家的科技合作。

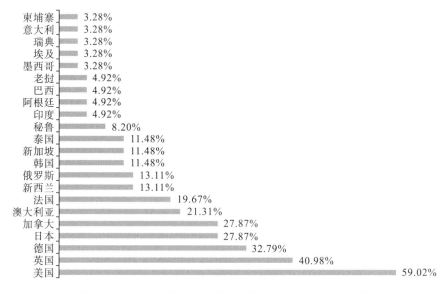

图4-3.14　参与调研科研院所国际科技合作国别统计图

（3）合作途径。

由分析数据（图4-3.15）可知，四川省的科研机构参与国际科技合作主要是通过国际会议、校际交流促进、学者推荐以及合作单位诚邀合作的途径进行的。四川省应该开拓更多的合作途径，持续推进国际科技合作的开展。

图 4 - 3.15　参与调研科研院所国际科技合作途径统计图

（4）合作方式。

由图 4 - 3.16 可知四川省的科研机构参与国际科技合作的主要方式是人员交流、机构签署合作协议以及举办国际科技合作会议和论坛。由此可见，主要还是以学术方面的沟通交流为主的，因此，相关科研机构应该在加强与目标国家高校学者的学术交流的基础上，丰富四川省开展国际科技合作方式。

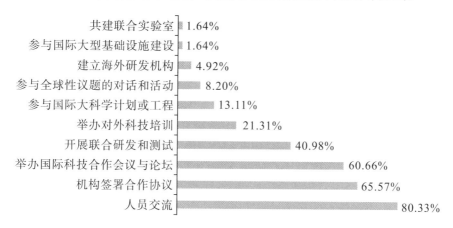

图 4 - 3.16　参与调研科研院所国际科技合作方式统计图

（5）合作领域。

由图 4 - 3.17 所提供的问卷调查数据可知，四川省科研院所国际科技合作领域涉及广泛，主要分布在医药健康、新材料，在农产品精深加工、节能环保方面也有一定的合作，说明我省科研机构在新兴领域的国际科技合作比较广泛，但同时也要注重加强在其他领域的合作。

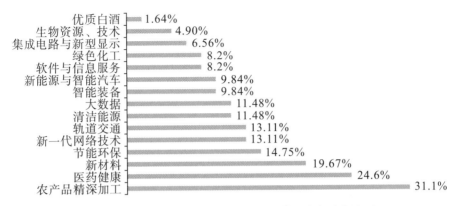

图 4-3.17　参与调研科研院所国际科技合作领域统计图

（6）合作困难。

四川省科研机构在国际科技合作中也面临着很多困难，包括缺少高级人才和团队、管理体制不完善、找不到合适的合作伙伴、经费不足等（图 4-3.18 所示）。其中最大的困难是经费不足和寻找不到合适的合作伙伴。因此政府部门应该加大资金支持力度，在稳固与现有合作伙伴的联系的基础上，增加合作渠道，寻找更多合适的合作伙伴。

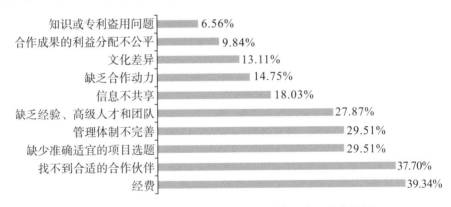

图 4-3.18　参与调研科研院所国际科技合作困难统计图

（7）合作成果。

由数据分析（图 4-3.19）可知，我省科研院所开展国际科技合作最大的成果就是培育和引进了人才、合作研发并引进了新技术、新产品，其他的合作成果包括申请了专利等。总的来看，通过国际科技合作，科研院所还是获得了很大的成果。

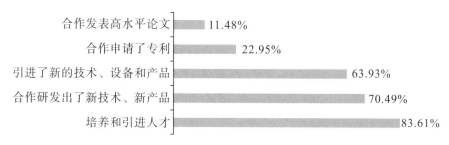

图4-3.19　参与调研科研院所国际科技合作成果统计图

（8）建立并维持合作关系的影响因素。

科研院所建立并维持国家科技合作受到诸多因素的综合影响，由问卷调查的数据分析（图4-3.20）可知，其中政府的科研经费支持起到至关重要的作用，其次政府发展战略对国际科技合作的支持、完善的国家科技合作政策管理体系等都是影响我省科研院所建立并维持国家科技合作关系的重要影响因素。由此可见，政府政策支持对于科研院所开展国际科技合作是最为重要的，因此，政府应该加强对国际科技合作方面的经费、政策支持。

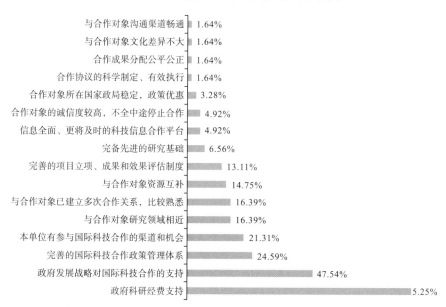

图4-3.20　参与调研科研院所建立并维持国际科技合作关系的影响因素统计图

（三）政府

1. 问卷设计

四川省国际科技合作政府调研问卷共涉及五个部分：前言、基本信息、合作现状、国际科技合作影响因素重要性判断及意见与展望。问卷调查旨在了解四川省各市州国际科技合作基本现状，如国际科技合作经费投入情况、合作领域、合作国别、合作方式及合作影响因素等。

基本信息部分主要包含单位名称、所属市州科研经费投入情况及国际科技合作项目、合作领域及基地数量等。合作现状部分主要包含国际科技合作驱动力、合作国别、合作方式、合作目的与困难等。影响因素部分则从合作主体因素、合作效益因素与合作风险因素三方面出发，基于四川省情及相关部门研讨设置11道影响因素相关题项。意见与展望部分设立未来有意向开展国际科技合作的国别、领域及相关意见与建议。

2. 四川省政府机构国际科技合作现状

（1）科研经费与项目。

由表4-3.1可知，各市州科研经费投入差距明显，少有市州单列国际科技合作经费科目，国际科技合作项目数量有待提升。国际科技合作是一个投资大、风险高、收益期长的发展方式，需要强有力的资金支撑作为发展后盾。国际科技合作资金投入限制了开展国际科技合作的深度，项目的数量决定可参与合作的领域。近五年来，四川省各市州科研经费投入总量差距较大，仅有成都市与攀枝花市单列有国际科技合作经费科目。从近五年国际科技合作项目指标来看，四川省"不平衡"发展的态势明显，成都市国际科技合作项目数量是其他市州项目总和的多倍，其中国家级项目成都市有32项，其他市州中仅泸州市有一项，省级项目成都市有83项，其余市州均不超过10项，且南充、德阳、遂宁等市州存在着近五年无国际科技合作项目的情况。

表4-3.1 四川省各市（州）政府单位国际科技合作科研经费与项目统计表

市（州）	近五年科研经费总量（万元）	是否单列国际科技合作经费（万元）	近五年国际科技合作项目数量		
			国家级	省级	市级
成都市	31996.5	有/4165	31	82	130
攀枝花市	10620	有/210	0	2	20
泸州市	4923	无	1	2	0

市（州）	近五年科研经费总量（万元）	是否单列国际科技合作经费（万元）	近五年国际科技合作项目数量		
			国家级	省级	市级
广安市	4600	无	0	6	0
阿坝州	6500	无	0	6	0
凉山州	10000	无	0	3	0
乐山市	3000	无	0	1	0
广元市	7000	无	0	0	2
德阳市	—	无	0	0	0
南充市	15525	无	0	0	0
遂宁市	11500	无	0	0	0
资阳市	500	无	0	0	0

（2）合作领域。

如图4-3.21所示，四川省国际科技合作领域涉及面广，装备制造、医药健康、新型材料及绿色食品为国际科技合作开展的主要领域。国际科技合作项目开展的领域从选择取向上来看，与四川省优势资源有着高度的一致性，如装备制造是四川省制造业的重要支撑，绿色食品原料基地数量全国第二等。除上述四项国际科技合作领域以外，节能环保、电子信息及农业（其他）也是重要的国际科技合作领域。

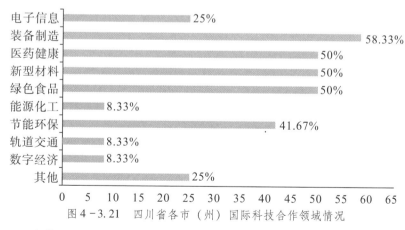

图4-3.21 四川省各市（州）国际科技合作领域情况

（3）合作国别。

与四川省开展国际科技合作的国家共有22个（如图4-3.22所示），俄罗斯、新西兰、日本、韩国、法国等国家是合作的主体。其中俄罗斯与新西兰是出现频次最多的国家，此外还有澳大利亚、以色列、泰国、老挝均为与四川省合作频繁的国家。其中与"一带一路"沿线国家开展国际科技合作的情况来看，合作国家有限，有俄罗斯、以色列、柬埔寨、孟加拉国等 10 个国家，占总合作国家数量的 45.4% 。

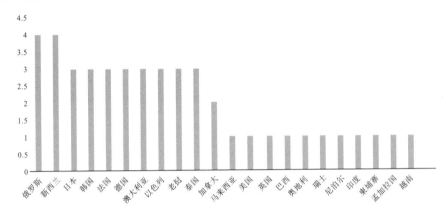

图 4 - 3.22　四川省各市（州）国际科技合作国别情况

（4）合作驱动力。

由调查数据（图 4 - 3.23）可知，提高生产技术水平、为市场提供新产品或服务及提高产品或服务质量为四川省国际科技合作重要驱动力。国际科技合作的驱动力决定着一个单位进行国际科技合作的深度、广度和效果。依据问卷调查的数据，四川省内各单位开展国际科技合作都有一定的动力和目标，普遍围绕提高生产技术水平、为市场提供新产品或服务及提高产品或服务质量开展广泛的国际科技合作活动。

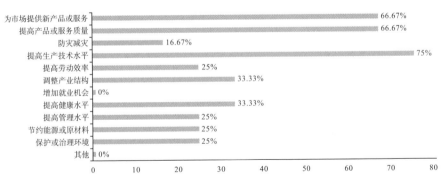

图 4 - 3.23　四川省各市（州）政府单位国际科技合作驱动力评估情况

（5）合作方式。

合作研究、合作开发与人才交流为四川省主要国际科技合作方式。根据问卷调查的数据（图4－3.24），现阶段四川省参与国际科技合作的方式有多种，其中使用概率在30%以上的合作形式是：合作研究、合作开发、人才交流、学术会议与人才培训。以上合作方式凸显出现阶段四川省以"重科研、重人才"为主导的合作特征，以基础研究合作及人才交流培养为基石，促进四川省科技的进步。

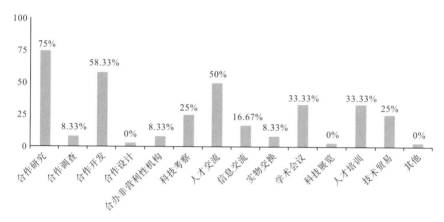

图4－3.24 参与问卷调查的四川省各市（州）政府单位国际科技合作方式选择情况

（6）政府角色及作用。

由调查数据可知，资金支持、信息支持与渠道支持为四川省各市（州）政府单位为国际科技合作主体提供的主要支持。其中75%的政府单位认为其能够为国际科技合作主体提供资金及信息支持，较少单位认为其能够为合作主体提供人才支持。

（7）合作困难。

国际科技资源匮乏是四川省国际科技合作的首要困难。据问卷调查结果（图4－3.25）可知，国际科技资源匮乏、人才缺乏、政策制度不完善及资金不足均为超半数市州选择的合作困难因素，资源匮乏问题凸显。其中自主创新能力不强为少数市州选取合作困难原因，而此项内容则是国际科技合作可持续进行的重要因素，仍亟须受到重视。根据调查数据可知，四川省国际科技合作在资金、人才、制度等方面均存在困难，阻碍着国际科技合作的进行。

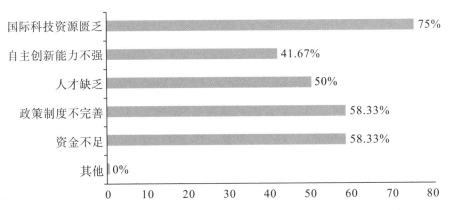

图4-3.25 参与问卷调查的四川省各政府单位国际科技合作困难选择情况

（8）合作关键影响因素。

合作国的可信赖程度、合作国科技水平为四川省各市州单位进行国际科技合作考量的重要影响因素。通过收集的问卷数据对四川省各市州政府单位国际科技合作影响因素重要性评价的均值及重要性排序如表4-3.2。

从表4-3.2可知，合作国的可信赖程度（4.17）、科技水平（4.00）位于重要性排名前两位，表明合作国的相关特征是各市州政府首要考量的因素。知识产权保护力度（3.92）、技术成熟度（3.83）等合作风险因素及合作预期效益因素（3.75）仍为各政府单位合作考量的重点，因国际科技合作过程中，高技术、高投入、高风险、高利润相伴相生。由此各单位可依据影响因素重要性，有选择地选取合作对象及合作方式。

表4-3.2 四川省各市（州）政府单位国际科技合作影响因素重要性排序

国际科技合作影响因素	均值	重要性排序
合作国可信赖程度	4.17	1
合作国科技水平	4.00	2
知识产权保护力度	3.92	3
技术成熟度	3.83	4
合作预期效益	3.75	5
政策法规、税收等规定	3.75	5
技术复杂性	3.67	7
专业管理人员配备及能力	3.33	8
合作方式	3.25	9

国际科技合作影响因素	均值	重要性排序
投入成本	3.17	10
历史合作次数	3.08	11

四、小结

根据统计数据的分析结果，我省企业与科研院所目前与美国、德国、日本、英国等发达国家的科技合作比较密切，而政府方面与俄罗斯、新西兰等"一带一路"沿线国家合作较为频繁。四川省是"一带一路"倡议和长江经济带战略的重要交汇点，近年来，我省牢牢抓住"一带一路"倡议的契机，加快建设内陆开放高地，深度融入"一带一路"建设，推动"四向拓展，全域开放"，已形成立体全面开放新态势。因此，政府应该牢牢抓住"一带一路"倡议的契机，在企业和科研院所与发达国家保持良好合作关系的基础上，积极推动提高其与"一带一路"沿线国家的合作频率。

由统计数据分析可知，目前四川省企业和科研院所的国际科技合作领域主要集中在医药健康、新型材料以及软件与信息服务等新兴技术领域，而在装备制造、农产品精深加工等传统优势产业领域的合作有所欠缺，而农产品加工业、装配制造业等传统是四川省的优势产业，四川省各级政府应该在尊重与合作国家市场的共性的基础上，在这几个优势领域有针对性地深入对接合作国家的相关技术、资源，进而形成产业优势发展，以便更好地推动四川省各级单位和政府开展更有深度和广度的国际科技合作。

统计数据显示，有75%的政府单位认为其能够为国际科技合作主体提供资金及信息支持，政府的经费支持正是影响企业和科研院所决定是否开展国际科技合作的关键因素，但经费短缺和找不到合适的合作伙伴仍是企业和科研院所目前开展国际科技合作面临的最大困难，国际科技合作是一个投资大、风险高、收益期长的合作方式，需要强有力的资金和信息支撑作为发展后盾，而开展国际科技合作的单位所需的资金绝大部分都是自筹的，合作伙伴也是单位自己联系的，这与政府的所提供的信息有一定的差距，在未开展国际科技合作的企业和科研院所中，无合作伙伴也是最主要的问题，因此政府除了要完善前期牵线搭桥的工作外，还应该加大资金的投入力度，并密切关注合作情况，及时给予企业及科研院所足够的资金和信息支撑。

第五章 国内外典型国家或地区国际科技合作模式

在我国"一带一路"倡议背景下，国际科技合作是其重要组成部分，是在更高点上推进自主创新的重要方式。我国科技实力的不断增强，吸引了旺盛的国际科技合作需求。科技发展也进一步影响到人们的切实生活，港珠澳大桥、高铁、5G 等一大批重大科技攻关为国家经济社会发展提供了新的动力，雾霾防治、肿瘤重大诊疗设备、原创抗阿尔茨海默病新药等一批先进技术的应用不断提升民生福祉。四川位于中国西南地区，地理环境复杂，民俗风情质朴多样，也有国际化的大都市，紧跟世界潮流。四川省通过研究部分地区和国家比较成熟的国际科技合作模式，逐步探索适合自身的国际科技合作模式。

一、研究对象与研究方法

（一）研究对象的选择与分类

目前，我国正面临着经济转型、产业结构调整的关键阶段，需要以开放的心态遵循市场经济规律，积极促进和广泛深入地开展国际科技合作，切实提高国家科技水平和创新能力。在此方面，以以色列、日本、韩国、新加坡为代表的发达国家以发展外向型经济和科技强国为发展战略，建立了技术领先的现代化农业，基本完成了工业化，在诸多技术领域国际领先；以印度和俄罗斯为代表的发展中国家对科技研发加大投入，通过广泛而深入地开展国际科技合作，有力推动科技成果的转化。这些国家的国际科技合作模式比较经典，值得借鉴。四川位于中国西南地区，地理环境复杂，少数民族众多，民俗风情质朴多样，也有国际化的大都市，紧跟世界潮流。在国内创新城市中应选取北京、上海、广东等经济较为发达地区学习其已相对成熟的国际科技合作模式，稳扎稳打使我省成为科技创新主流城市，以江苏、湖北、陕西等充分利用本土科技资源的国际科技合作模式为例深入挖掘四川的国际科技合作优势，参考与四川毗邻且发展状况相近的重庆的探索式国际科技合作模式，制定适宜四川发展的国际科技合作模式。

1. 国外

（1）美国、英国、澳大利亚、加拿大等国。

美国、英国、澳大利亚的国际科研合作一直位居世界前三，美国、加拿大和英国在国际技术合作方面也位居世界前列。作为科技强国，虽然他们主要以自主创新、自主研发为科技发展的重点和核心，也没有形成自己独特的国际科技合适模式，但是他们在推动和鼓励国际科技合作方面具有良好的经验借鉴和政策参考。

（2）以色列。

以色列与我国的国情有较大的差异，以色列无工业基础、无本地市场，但自其建国60多年来，已经在许多高科技领域达到了国际一流、世界领先的水平，在高科技农业、生物技术、医疗设备、通信设备、软件开发、航空航天、能源开发、环境保护、水资源利用等领域取得了令世人瞩目的成果。而我国工业基础较为雄厚，本地市场巨大，具备产业化的能力，但是我们可以看到我国的产业技术水平低、本地市场高科技产品需求不足的现状，所以以色列的成功经验对我国有着很多值得借鉴的地方。

（3）日本、韩国。

日韩两国国土狭窄，国内资源有限，为了寻求发展积极寻找外部资源，纷纷与发达国家、发展中国家积极开展国际科技合作，在解决世界性难题方面发挥着主导作用，不仅推进自身科技向更高层次发展，也带动了全球科技的发展。中国可借鉴日本和韩国的做法，与各国就全球前沿研究领域展开合作，不仅有助于巩固与外国的双边关系，还可利用科技合作提升自身的科技实力。

（4）新加坡。

新加坡的特点是国土面积小、资源禀赋差，但是它积极参与国际竞争与合作，全面开放、高度自由，通过在海外建设工业园区，提升自己的产业优势，巧妙利用有限资源，寻求外部机会、发展自身，具有一定典型性。

（5）印度。

印度将国际科技合作作为国家正在执行的科技项目的自然外延，其国际科技合作的重点是为本国科技项目服务，通过运用国际资金和科技力量，提升印度的综合国力和科技水平。中国和印度是在科技、政治、军事等方面实力较为接近的亚洲发展中国家，中国可以借鉴印度的做法，将国际科技合作视为为科技发展所提供的一种机制，为科研人员提供与国际社会互动的机会，确保与世界科技前沿同步，并通过合作使合作伙伴之间各取所需、优势互补。

（6）俄罗斯。

为了促进国家转向创新发展的道路，俄罗斯建立世界多极化的技术创新体系，其国际科技的基本发展方向是在基础研究和应用科学方面制订国际科技合作计划，让本国在科学技术中参与全球一体化进程。我国可借鉴其做法，加强国际科技合作中技术创新的作用，充分利用现有科技资源，保存和发展高等文化教育。

2．国内

（1）北京、上海、广东。

北京、上海、广东都属于国内经济发达的地区，吸引大量人才聚集，这三个地区都已经有了相对成熟的国际科技合作模式，四川目前的科技合作还处于逐渐探索阶段，需要政府的宏观质控，可学习北京基于政府角色的科技合作模式。上海、广东都是科技创新程度很高的地区，有着值得四川学习的相对成熟的国际科技合作模式，以这个为目标，结合四川具体的本土情况，有选择性地学习其国际科技合作模式，有助于四川科技创新的提高。

（2）江苏、湖北、陕西。

这三个省都注重本土优势。江苏利用本土的科技产业优势和广西与东盟国家接壤的地缘优势，建立的"中—中—外"合作模式。湖北省围绕全省重点科技领域、重大产业需求，不断加强对外科技合作。陕西因地制宜，抓住"丝路经济"的优势，综合考虑各合作主体技术需求，科学调配资源，促进陕西的科技发展。四川在地理位置，民俗文化等方面都有着独特的优势，应该充分利用四川科技资源，善于学习其他城市的科技合作模式，多方位地进行国际科技合作模式研究。

（3）重庆。

重庆与四川都位于我国西部，地理位置毗邻，经济发展值得相互借鉴。重庆充分利用本土资源优势，加快技术引进增长速度，使引进国别地区多元化，高新技术产品出口增幅明显。四川应借鉴重庆国际科技合作模式探索阶段的方式，利用四川地理位置优势、人文环境等，借助国家"一带一路"倡议的宣传推广，在加强本省科技资源优势的同时多方位地进行国际科技合作。

（二）研究方法

采用文献研究法和资料分析法，通过中国知网、百度学术以及政府网站等查阅与国际科技合作有关的文献资料，通过对文献资料的整理与分析，进行对目标国家和地区开展国际科技合作模式的总结。

二、创新型国家和地区的国际科技合作模式

（一）美国："国际科技小组＋国际研发＋智力交流"模式

2005 年 9 月，美国国家科学理事会成立了国际科学专责小组，研究美国政府在国际科学与工程伙伴关系中的作用。国际科学专责小组的工作重点是：促进与在美国的其他发达国家和发展中国家的非美国科学家和工程师之间的伙伴关系；利用国际科学与工程伙伴关系改善国家间的关系，并提高发展中国家的生活质量与环境保护。

美国科技政策办公室规定，必须与美国国务院和预算办公室合作，确定国际科学与技术伙伴关系是美国外交和研发政策的一个优先领域。美国科技政策办公室和预算办公室应在美国科技政策办公室的科学和技术年度优先领域预算备忘录中包括这一战略。美国科技政策办公室应考虑重新确立国际战略主任助理的地位，并应直接负责主管联邦机构在其综合项目中包括具体的国际研发成分。

在促进智力交流方面，美国国会和国务院主张促进"脑循环"，遏制"人才外流"，具体措施包括：通过提供出国留学机会，加强留学生与访学学者与外国科学家、工程师的合作，重振美国学生对科学与工程的兴趣；简化外国来美留学的科学家、工程师和学生的签证程序；支持全球论坛，以确定优先研究项目，并制订共同的基金和管理计划，以吸引来自世界各地的科学家和工程师们获得国际经验并报效祖国。

（二）英国："科技外交网络＋大科学装置合作"模式

英国政府扩展了设立在各驻外大使馆的科技官员网络，以便更好地帮助英国的大学和企业获得国外潜在的合作伙伴的信息和建立合作渠道。英国外交部建立的科技与技术网络联结了世界上主要的国家，并与英国贸工部、英国贸易及投资局（UKTI）、英国文化协会及研究理事会等部门合作，传播英国的科技

与投资政策，同时也利用科学合作支持外交政策。这个网络促进了英国成为一个可以选择的伙伴，推动了对英国有利的基础科学研究方面的国际合作，帮助英国企业参与海外的创新活动与获取新技术，促进了英国以技术为基础的贸易和内部投资，并利用科学与技术媒介最大限度地扩大了英国在国外的影响力。

此外，始终利用最先进的实验装置是英国保持科技竞争力和占据研究领域前沿的一个重要因素。英国目前每年约花费 2.3 亿英镑用于大型仪器设备的建设项目，经费主要来自研究理事会、国际捐助和科学技术办公室管理的大型设备投资基金。大型实验装置的研制拓宽了科学研究的范围、提高了科学研究的质量，新一代的装置将在技术上更复杂、更国际化。英国政府认为，在国际R&D 协作与大型科研设施共建与利用方面，需要建立相关国家战略，在尽量保证优势领域的同时，弥补不足、消除障碍，使英国在不断变化的国际经济和科技环境中，能够抓住重要的项目和机会，确立英国的优先权，以便使国际科技合作的结构能够满足英国的需要。

（三）澳大利亚："国际科学联系计划"模式

澳大利亚政府支持的"国际科学联系计划（ISL）"是国家最主要的国际科技合作计划。澳大利亚的有关专家对 ISL 计划进行了综合分析评估，2011年，《国际科学联系计划评估报告》经联邦政府创新、工业与科研部部长批准后对外公布。报告指出：ISL 计划实施 10 年来，已成为引领澳大利亚参与国际科研活动、增强澳大利亚与海外研究团体建立战略伙伴关系、帮助澳大利亚科学家进入国际科技体系的有效机制。ISL 以资助国际学者互换、支持学术思想交流和建立合作关系的奖学金、召开研讨会、资助与海外科学家合作的竞争性资金，以及帮助澳大利亚科学家积极参与国际大科学装置的活动等各种形式，支持了澳大利亚科学家融入国际科学体系和参与国际科学活动。该计划实施以来平均每年投资 1000 万澳元，ISL 计划的核心是支持澳大利亚的战略优先领域和支持强强联合的国际合作研究。这一合作有利于减少和消除国家关系中和双边贸易中的壁垒，促进澳大利亚创新动力的提升。澳大利亚通过国际合作以及与境外作者共同发表的论文显示，科研的影响和作用显著提高，就个体研究人员发表论文的引用率而言，是其他国家所不能比拟的。澳大利亚通过积极参与国际科学活动，借鉴海外的经验和设施，提高国家在科学与创新投入的效率。澳大利亚占全球 3% 的科技产出，结合其人口总量来看，这是非常出色的成绩，显示出通过类似于 ISL 计划的方式能够促使澳大利亚站在国际舞台上参与竞争与合作。

（四）加拿大："国际创新基金"模式

在加拿大没有专门的政府部门负责国际科技合作，其国际科技合作由创新基金统筹安排。2000 年，加拿大联邦政府拨款 2 亿加元，在创新基金下，设立国际合作风险基金和国际参与基金，每个基金的预算各为 1 亿加元。2001 年 3 月，两个基金发布项目申请指南，明确了基金投资范畴、资助对象、合理的项目开支、对合作伙伴的要求、申请和评估程序以及决策程序。2002 年 6 月，加拿大宣布首批 9 个国际合作项目，即国际合作风险基金支持的破冰船、五束激光和国际地下科学研究设备 3 个项目，以及国际参与基金支持的加强深海研究的海王星项目、加拿大—肯尼亚联合研究实验室、加拿大—英国普通亚毫米辐射成像仪、智利阿塔卡马大型望远镜、中子裂变装置和研究物质起源的 KOPIO 项目。

（五）以色列："政府主导+双边合作"模式

1. "政府主导型"模式

以色列不具备完善、强大的产业组织，因此政府在科技发展过程中起到了举足轻重的主导作用。以色列政府也深刻地认识到了这一点，十分重视本国的科技发展，早在 1948 年建国初期，便确立了"科技立国"的指导思想。

在这种指导思想下，以色列政府科技发展政策走过了三个阶段：第一个阶段是其建国后到 20 世纪 60 年代初期以前，以色列的科学委员会建立了一大批隶属国家的研究实验机构，如国家物理实验室、生物研究所等，以政府直接参与为主。第二个阶段史于 20 世纪 60 年代中后期，以引导扩大产业界的研发活动为主，建立了首席科学家办公室（OCS），协调各部门的科技工作，并负责管理政府的资助资金。从 1968 年起的 30 年间，政府资助私营企业科技研发资金的总额达 38.6 亿美元，此后也一直维持在较高的水平，约占全部研发投入的 20%，是经济合作与发展组织（OECD）国家平均水平的 3 倍。第三个阶段是 20 世纪 90 年代之后，以色列的科技政策全面开放，主要标志是以色列政府开办的高科技企业孵化器全部私有化，以及引入大量国际风险投资和跨国企业。在这一阶段，以色列科技研发和成果转化的国际合作的广度和深度达到了顶峰。在此阶段，以色列政府一方面直接开展科技领域的国际合作，另一方面，也是更为重要的，通过各种举措鼓励和促进产业界和科研机构（以高校为主）进行国际合作。

2."双边合作基金"模式

建立双边合作基金是以色列开发国际科技合作最主要的方式之一，以色列先后与十几个国家建立了双边科学研究、双边工业研究与开发以及双边农业研究与开发等多种合作基金。经过多年的实践，以色列已经探索出较为成熟的经验，并建立了一套较为完善的合作基金管理体系。美国政府与以色列在1977年联合创建的双边产业研发基金（BIDR）是全球历史最悠久的双边合作基金之一，旨在促进以美两国中小型企业，尤其是高科技型中小企业进行产业技术创新的国际合作，其任务是为以色列和美国企业在研究与开发领域的合作牵线搭桥，并为设计开发和产品商业化提供多达项目总投资的50%的基金支持；中国国家自然基金委员会与以色列科学基金会（ISF）开展自然科学领域内的合作研究和双边研讨会，联合资助重点为纳米科学、信息学、化学科学、农业和水利等，类似的基金还有以色列与新加坡合作建立的SIRRD基金，与韩国合作建立的KORIL基金，与加拿大合作建立的CIRDF基金等，这些基金都设立了独立的委员会进行管理。以色列与其他国家建立的双边合作基金的总额达到近5亿美元（其中50%为以色列政府投入），这些基金每年产生4000多万美元的利息，用于支持双边科技合作项目。

（六）日本："竞争合作＋援助合作＋互补合作"模式

1."竞争型合作"模式

竞争型合作是指基于竞争的前提条件，在前沿科学、产业发展领域与合作对象开展合作，并协调竞争与合作的关系，谋求双方的共赢。日本的竞争型合作主要是同欧美国家在前沿科学、产业竞争领域进行的合作，主要围绕生命科学、精密材料、环境、核能、宇宙开发等发达国家面临的共同问题展开，同时也考虑与合作对象国进行人才、资源等方面的合作，增进共同利益，注重竞争与合作的平衡。

2."援助性合作"模式

日本与发展中国家的援助性合作主要体现在三个方面：第一，针对全球问题开展合作研究，使日本共享资源或数据，如日本实施的比较典型的"全球问题国际科技合作计划"（SATREPS），其资助本国大学、科研机构与发展中国家开展合作。第二，针对发展中国家特定问题实施技术援助，协助对方的同时带动日本发展，针对东南亚自然灾害频繁的问题，日本向这些国家提供卫星数据，指导他们及时掌握灾情并开展防灾救灾，包括测量森林覆盖率和火情的陆地观测卫星（ALOS）、监测二氧化碳浓度和全球分布的温室气体观测卫星

（GOSAT）等。运用卫星数据指导发展中国家可以提高日本应对自然灾害的能力，不断改进发展卫星技术。对于发展中国家设施落后的问题，日本向他们提供较为先进的道路交通和高铁技术，包括技术援助和资金贷款。在援助的同时，日本也能为本国企业抢占海外市场，获得一定的商业利益，带动经济发展。第三，日本派遣专家学者到发展中国家开展科技教育支援。政府开发援助项目、科技合作项目，派遣本国专家学者赴发展中国家就大学院系设置、机构资源建设等问题进行交流，改善这些国家的科教环境。同时，吸引发展中国家人才来日本学习交流。通过建设高水平国际科技合作基地、加大外籍特别研究员的聘任力度、制定优惠的留学政策等方式，鼓励国外尤其是发展中国家的人才赴日交流学习，既为发展中国家培养了人才，也使这些优质人力资源为日本的进步发挥作用。

3. "互补性合作" 模式

互补性合作指的是日本根据合作对象在研究资源、科技能力等方面的互补性，不以竞争关系为前提与对象国建立互惠互利的合作关系，主要在全球环境问题、传染疾病等世界共同关注的问题进行相互补充的合作研究。

（七）韩国："科技资源出口＋科技资源进口" 模式

韩国的国际科技合作战略主要是在优势领域强调自主研发出口，在薄弱领域吸收海外科技资源。与其他国家相比，韩国的科研环境还处于相对封闭的状态，外国直接投资仅占韩国全部研发支出的约 0.3%，该数据是经济合作发展组织（OECD）国家中除日本以外最低的。自 2004 年韩国将自身定位为 "东北亚研发中心" 后，陆续在各主要合作国家建立了 15 个合作研究中心与协力中心，其中中国 9 个，俄罗斯 4 个，美国 1 个，蒙古 1 个。同时，针对前沿领域，韩国积极引进了 10 个国外优秀研究机构，并在 2005 年起，推动 "韩国—全球创新网络计划"（主要合作国家是美国，主要在信息技术、装备制造等 7 个领域展开合作），积极引进海外优秀的科学技术研究机构，建立东北亚科学技术体系，努力扩大与中国、朝鲜等国的合作，通过实施战略性科技国际化战略，扩大合作领域，改善国际共同 R&D 体系，为实现科技强国目标构建坚实的科技环境系统。

（八）新加坡："自由贸易协定＋海外工业园区＋生态城市共建" 模式

在汹涌的全球化浪潮和激烈的国际竞争态势下，新加坡作为一个国土面积小、资源禀赋差的国家，充分利用区位条件、制度管理、人才技术等比较优势，以全面开放、高度自由的姿态，主动参与国际竞争与合作，积极争取全球跨国甚至跨区域项目合作机会，实现经济快速发展。经过多年的跨国合作实践，新加坡已然形成了比较成熟、多元的合作模式，兼具有形与无形，且覆盖广阔的合作领域。新加坡的国际科技合作模式主要是如表5-2.1所示的三种。

表5-2.1　新加坡国际科技合作模式

合作模式	主要做法及特征	作用及意义
自由贸易协定模式	以产业为导向，贸易规则为成员方进行产业保护提供了公开透明且稳定的权利义务框架	降低交易成本和流通费用； 促进贸易自由化和便利化； 促进国际贸易发展和国际投资，并且起到了优化世界产业结构和资源配置的效果
海外工业园模式	母国经济区位条件优越，园区建设动机明确，园区运行模式先进，园区要求具备产业优势，园区选择区位集中	吸引新加坡企业及跨国公司入驻，促进了本土劳动、资本密集型产业的转移和升级； 迅速提升对外投资的水平，而且充分利用了周边发展中国家经济起飞的机遇，从区域合作中获取丰厚的经济利益
生态城市共建模式	采取"自上而下"多元主体参与的治理结构，多方参与规划决策，运作模式市场化	建设一座"资源节约、环境友好、经济蓬勃、社会和谐"的宜居城市，打造一个综合性的集合生态环保、节能减排、绿色建筑、循环经济等技术创新和应用且能实行、能复制、能推广的平台

（九）印度："双边＋多边科技合作"模式

在坚持强调建立自己的科学能力和技术上自给自足的科技政策的同时，印度政府一向积极参与国际科技事务，尤其重视发挥印度科学技术在发展中国家所具有的相对优势，通过双边和多边合作的形式进行交流，扩大和强化自己在发展中国家的影响。

目前，印度与57个国家签署了政府间的科技合作协议，并与多个国家建立了稳定的项目合作交流机制。印度科技部对外科技合作的重点为：与国家知名研究机构之间建立联合中心和网络研究中心，支持科学家参加国际研究项目，开展国际合作研究项目和鼓励开展区域科技合作等。

同时，印度全面参与国际和地区科技事务的磋商与合作，以各种方式积极参加联合国系统和国际性科技组织。印度参与国际科技组织的基本方式为：以政府业务部门参与各自领域的国际和地区科技组织为主，通过政府各部门与国际科技组织建立的对口关系，如印度环境与森林部代表政府参加联合国环境开发署（UNEP）和南亚环境合作计划（SACEP）；直接创建国际科技组织，如印度是政府间海洋委员会（IOC）的创始国，也是 IOC 常务理事会成员；以成员国身份加入国际科技组织，如印度是国际原子能机构（IAEA）的成员；与国际科技组织签署合作协议、争取国际科技组织在印度设立办事机构和分支机构，如印度与东南亚国家联盟（ASEAN）、亚洲科技政策网（STEPAN）、南亚区域合作组织（SAARC）及不结盟和发展中国家联盟（NAM）均签有科技合作交流协议。

（十）俄罗斯："基础研究＋应用科学"模式

俄罗斯国际科技合作政策的基本发展方向是在基础研究和应用科学方面制订国际合作计划，组建由独联体国家参加的国际科学中心，特别注重恢复苏联时期的科技地位和实力，保存和发展高等文化教育，充分利用现有的科技资源。

在基础研究方面，俄罗斯采取世界多极化的科技发展战略，积极促进在俄罗斯境内，以国家重点科研机构为基地建立基础科学国际一体化中心（如合资、合作研究所、中心、实验室等）。重点发展同工业发达国家的国际合作，挖掘现有的基础科学潜力，在国际一体化、基础科学劳动分工与协作方面稳固地位，参与解决人类共同课题的项目，执行全球性的项目和计划等。此外，俄罗斯尤其注重开展解决人与自然资源之间相应问题的合作，扩大信息产品和文化产品消费等。

在应用科学研究方面，俄罗斯首先注重在重点发展的科技领域，同西欧国家、美国、日本、中国、东南亚国家的国际和国家重点科学中心开展合作，鼓励俄罗斯科学家以个人和组织的形式，参与国际竞争，接受国际资助，设置政策保障资金及保证其有效使用。

三、国内创新型省份的国际科技合作模式

（一）上海："走出去与引进来相结合"模式

上海作为我国科技创新程度最高的地区之一，目前正处于加快建设"具有全球影响力的科技创新中心"的关键时期。外资在沪研发中心加速集聚，截至 2018 年底，已有 400 多家类似杜邦中国研发中心、陶氏化学上海研发中

心、诺华上海研发中心这样的外资研发中心选择落户上海，占中国内地外资研发中心总量的四分之一，数量居首位。其中包括全球研发中心、亚太区研发中心，20 家外资研发中心的投资超过 1000 万美元。国际技术转移机构相继建立，上海已汇聚了一批从事国际技术转移的专业性机构，包括经国家科技部火炬中心认定的 23 家技术转移机构、国家技术转移东部中心、联合国南南技术转移基地和南南全球技术产权交易所。对外投资并购大幅增长，2016 年，实际投资额达到 36.8 亿美元，同比增长 59.3%，占全市比重 10%。对外合作的模式，已从过去的产品、劳务输出为主向产品、产业、服务、资本的综合输出迈进。跨国创新对话交流日趋成熟，上海已形成了以综合性平台和专业性论坛相互结合的多层次、多领域中外科技创新对话交流机制，陆续主办中俄科技企业研讨会、中韩产业集群创新合作交流研讨会、昆士兰—上海科技创新论坛、上海以色列论坛、中泰天然产物与药物发现学术研讨会等一系列国际性科技创新和产业合作交流活动，吸引了逾万名来自海内外政界、学界、业界的代表前来参会，近千位高层知名人士发表精彩演讲，针对全球创新领域中的各类热点问题展开深度交流。在人才引进方面，完善引进高水平创新创业团队的人才政策，加强国际科技合作对人才引进的支持力度，吸引世界水平的科学家和有潜力的中青年科学家来华开展合作研究，依托科技人才专项计划，继续引进国家急需、上海急用的科技创新人才，使各类优秀人才加速集聚，上海作为全球人才枢纽已初具雏形。目前上海国际科技合作涉及的领域有生物医药、电子信息、现代服务、能源科技、节能保护、高端装备、社会发展、新材料、现代农业、软件与信息技术、服务业、通信电子、汽车制造，以及科学研究与技术服务等。上海与越南、泰国、新加坡、马来西亚、印度、以色列、印度尼西亚、泰国、捷克等国家都有合作。

（二）北京："自由发展＋政府主导"模式

1. 经济发展——"自由发展型"国际科技合作模式

北京市的大型企业、高新技术企业、部分高校和科研院所已具有比较清晰的以战略"因需"来开展国际科技合作的特点，积累了比较丰富的经验，采取了多种多样的合作方式，取得了实效。因此，对于经济发展方面的领域的国际科技合作，北京市采取自由发展型模式。

2. 社会发展——"政府主导型"国际科技合作模式

对于社会发展方面的国际科技合作，采取政府主导的方式开展。在北京市国际科技合作中，北京市科委深入挖掘首都丰富的科技、智力资源和得天独厚的区位优势，加大对社会事业的支持力度，围绕生态文明建设，对资源节约、环境保护、节能降耗、减排等重大问题重点开展国际科技合作。通过引智、国际会议、人才交流与培养，借鉴发达国家在劳动就业、教育和人力资源开发、医疗卫生、文化事业和环境治理保护等领域的先进经验，将国际科技合作专项经费投入向社会事业和社会管理领域倾斜，增加对社会事业和社会管理领域的海外智力资源和科技资源的供给，改善对社会发展事业和社会管理领域的公共服务。如通过多种灵活多样的交流与合作形式，以较低成本引进国外的技术和经验，促进郊县现代农业的发展进程等。

北京国际科技合作规模逐渐增大，各主体之间联系越加紧密，人才聚集现象凸显。北京坚持科技创新引领，推进"三城一区"建设，提升科技创新承载能力；积极吸引海外优秀人才，打造创新人才首选地。与北京进行国际科技合作的国家已经广泛分布于世界各大洲，北京已经建立了遍及全球的国际科技合作与交流的社会网络，合作范围广泛。

（三）广东："哑铃型"国际科技合作模式

"哑铃型"模式就是在国内、国外同时建立"功能互补、两边一体"的研发机构和辅助机构。这一模式最大的特点是明确了主要合作国别，而不在于模式本身。广东把国际科技合作的对象聚焦在俄罗斯、白俄罗斯和乌克兰等技术基础较好的独联体国家，结合独联体国家在冶金、新材料、自动化、激光等方面的技术优势和广东的本土产业优势，通过建立广东—独联体国际科技合作联盟的手段，在国内引进共建研发机构，在国外建立秘书处，从而搭建广东高校院所、企业与独联体国家的合作渠道。这一国际科技合作模式的经典产物包括中国—乌克兰巴顿焊接研究院，其由广东科技厅主导，广东工业技术研究院承建，乌克兰国家科学院共建，从而形成"平台—机制—人才—项目—成果"为特征的国际科技合作模式。在探索和实践"哑铃型"国际科技合作模型过程中，广东省一直坚持以政府支持、企业导向，打造国际科技合作平台战略，一批企业基于对国际先进技术强烈的渴求，立足于产业化，积极地走在国际科学技术市场前列，奠定了广东与独联体国际科技合作的基础。广东省国际创新院将以对独联体科技合作为切入点，定位于建成广东乃至全国的科技合作政府支持平台、人才引进平台、技术研发平台、项目孵化平台以及产业化投资融资平台，致力于各类国际科技合作项目引进和产业化活动，打造国家级的中外合作科技园区，形成广东省较为完整的集研究、生产、贸易、物流、信息、服务为一体的高科技新区。广东省根据当地科技和产业发展需要，不断加强同以色列、美国、德国、英国、乌克兰等国家以及我国港澳台等地区间的科技交流与合作，通过整合利用国内外两种创新资源，以促进广东产业转型升级和创新型省份建设。目前，广东省在新能源与节能、精密制造、中医药研究、重大疾病防治、新材料、现代服务业、生物医药、现代农业和信息等领域与上述国家和地区开展了多种形式的科技合作，成效巨大。

（四）江苏："中—中—外"国际科技合作模式

"中—中—外"模式是充分利用国内其他城市科技资源进行国际科技合作，使科技合作效益充分达到最大化。江苏利用本土的科技产业优势和广西与东盟国家接壤的地缘优势，以广西百色国家农业科技园区建设为平台，建立了"中—中—外"国际科技合作模式，推进农业技术向西部梯度转移，成熟技术和设备向东盟国家输出。一方面，江苏省结合本地产业基础，以合作平台、机构建设为突破口，积极组建和发展国际科技合作基地。政府鼓励本土企业设立海外研发机构，鼓励跨国公司设立研发机构，加强外资研发机构的技术溢出，设立国际技术转移机构，集中力量推进国际科技合作，使其成为江苏省高效配置国际创新资源的重要载体。另一方面，江苏省充分解读国家和江苏省的国际科技合作项目、科技成果转化培育项目、科技创业平台项目等的各项政策，围绕产业链规划，充分利用有利政策，在围绕新能源、节能环保、电子信息、高端装备四个主导产业和新能源汽车、海洋产业、航空装备三个先导产业，以及新医药产业、智能数控和机器人产业等领域洽谈合作项目。

（五）湖北："项目—基地—人才"国际科技合作模式

湖北省围绕全省重点科技领域、重大产业需求，不断加强对外科技合作，通过创新工作方法实施国际科技合作和科技兴贸等一系列国际科技合作计划，借湖北华创会、武汉光博、中博会等重大平台大力开展对外科技招商等，建设对外科技交流中心，服务高效的对外科技合作服务体系正加速形成。此外，湖北省加强了与重点区域（俄罗斯、东南亚、南部非洲等）的科技合作，建成科技合作中心、区域科技合作机构等；同时，围绕全省激光、生物技术等重点产业发展过程中的瓶颈问题，大力加强国际科技合作，通过技术引进、联合研发等国际科技合作，有效解决了许多限制这些产业发展的瓶颈问题，大大提升了全省重点产业的自主创新水平。湖北省为了整合国际科技资源，实现国际科技合作方式向"项目—基地—人才"相结合的战略转变，建设了一大批国家级国际联合研究中心和国际科技合作基地，为全省对外科技合作工作开展提供了有力的载体支撑。

（六）陕西："因地制宜＋智力整合＋成立国际科技合作联盟"模式

陕西为丝绸之路的起点，在与丝绸之路沿线国家在国际科技合作方面有着广阔的市场前景。因此，陕西的国际科技合作因地制宜，抓住丝路经济的优势，综合考虑各合作主体的技术需求，科学调配资源，促进陕西的科技发展。陕西省首先充分利用中国—亚欧博览会、中国西部国际博览会等平台加强科技创新政策沟通，然后建立科学合理的人才激励机制，通过加强丝路人文科技交流的宣传推介，利用传统媒体及新媒体，宣传和推广丝路经济带国际科技合作。其次，陕西省充分发挥陕西西部科教中心的引导和协调作用，整合智力资源，组织陕西规模技术企业和高校的科技人员参与具有国际技术前瞻性的重大科技合作项目，建立丝路沿线国家大项目合作机制；同时发挥陕西丝路新起点龙头带动作用，建设包含网络平台、服务体系、创新联盟等内容的国际科技合作平台，最后成立了陕西国际科技合作联盟，围绕"一带一路"倡议，引导在陕国际科技合作基地在扩大科技开放与合作中进一步发挥带动作用，集聚对外科技交流与合作的资源及信息，将合作资源有效整合并推送至科研机构、配置给科研人员，加大交流与合作的广度和力度，形成资源共享、优势互补、合作共赢、"项目—基地—人才"相结合的陕西国际科技合作新模式。

（七）重庆："苦练内功、借助外力"模式

党中央对重庆发展的高度重视为其国际科技合作事业带来新的机遇。重庆市是西部地区唯一一个直辖市，具有西部大开发、三峡建设的发展机遇。同时，作为六大传统老工业基地之一，又获得老工业基地改造的发展机遇。因为重庆是山城，具有群山环抱的地理特征，这使得其交通和信息相对闭塞，开放程度不是很高；重庆也是码头，重庆特有的码头文化是一种舶来文化，具有一种兼容并包的气度。此外，大城市带动大农村的二元结构格局，使得这座城市具有朴素与时尚共生，封闭与开放并存的特征。所以这样的城市特征渗透到人们的内心世界，造成了这里的人们思想观念上的对立和冲突。科技部支持重庆建设国家（西部）科技创新中心，重点围绕以大数据智能化为引领的创新驱动发展、科技服务民生保障与改善、长江上游生态大保护、国内外科技合作、区域创新体系布局建设5个主题展开合作，共同推动重庆创新驱动发展。在推动开放、协同创新上，科技部将支持重庆积极参与国家"一带一路"科技创

新行动计划；支持重庆加入政府间国际科技合作重点专项、战略性国际科技创新合作重点专项，更好地融入全球创新网络。本地科研计划方面，政府大力支持高校、科研院所和企业在已有的国际科技合作基础上开展合作研发，鼓励其在农业与食品、创意行业、化学工业、能源、高科技系统与材料、园艺与原料等多个重点领域开展交流合作。此外，重庆市充分利用本土资源优势，加快技术引进增长速度，使引进国别地区多元化，高新技术产品出口增幅明显，并在国际合作示范项目方面取得新的突破，国际学术会议规模和档次迅速提升，引智力度加大。

四、结论与启示

本章节通过分析部分发达国家和发展中国家以及国内创新城市的国际科技合作模式，发现其都有共同的特点，各国各省市通过国际科技合作，利用国外优质创新资源，提升创新效益和效率。但由于各国及各省市所处发展阶段、经济基础、社会制度、政府与企业等多元主体能力各不相同，在合作形式、开放程度、资助方式等具体操作层面又表现出不同的做法，从中得出若干启示。

1. 重点领域采取渐进式开放合作

开放的科技计划是国家科技发展的大势所趋，但是盲目的无策略的开放必然会给我国带来巨大的损失。就印度而言，其国家层面的科技计划主要是关系到国计民生以及国防安全的科技计划，印度对此投入了较大比重的研发预算，而且这些计划基本上不对外开放。而在信息技术、生物医药等国家重点发展的高新技术产业，随着印度科技经济实力的提升，逐渐放松对其管制，利用外资与其合作，使得印度的这些产业在全球中处于领先地位。对此，我国应根据目前所处的发展阶段，结合我国基本国情，选择国家重点发展的高新技术领域循序渐进地开放，选择国外先进技术以及全球资源与之开展合作，同时我们也要注意到在对外开放的高新技术产业中，应坚持以吸收国外的先进技术和生产方式为原则，避免出现产业技术没有提升反而失去市场的结果。此外，在对外开放中，我国应严格控制关乎国家安全的科技计划，保证国家的国防安全。

2. 采取差别化国际科技合作形式

日本针对不同合作对象采取竞争与协调、合作、援助策略。对此，我国在开展国际科技合作时，应明确与不同国家在不同领域的合作目的，有差别地展开合作。在弱势领域，作为技术接纳国，我们应力争并加强与科研先进国和特色资源国的合作；在优势领域，作为技术援助国，可以有选择地与发展中国家开展教育和科研方面的合作；同时作为世界主要大国，我们应积极开发创新潜能，参与到国际机构与组织中，争取一定的话语权与相应标准的制定权。

3. 积极开展科技外交与国际科技交流

科技外交是实现国家层面科技对外开放的便捷途径，不仅巩固了与外国的双边关系，还可利用科技合作提升自身的科技实力。目前，我国已与96个国家签订政府间科技合作协定，我们可以充分利用这一优势，选择在某一领域处于领先地位的国家与之合作，通过国际科技合作的形式实现我国部分国家科技计划的对外开放，同时，在实现科技计划对外开放的过程中应有效控制和管理，切实保护我国的国家利益。实际操作中，可先将我国科技计划中确实需要借助国外研究力量的项目通过国际科技合作的形式实现对外开放，并将之作为我国科技计划对外开放的窗口。此外，在科技对外开放的过程中我国应采取主动措施吸引国外高科技人才为我国服务，加大这方面的投资力度，避免本国科技人才的外流。

4. 政府引导，适度建立国际合作交流平台

上海目前拥有较为成熟的国际科技合作模式，有着大量的外资研发中心，跨国创新对话交流日趋成熟，已经形成了以综合性平台和专业性论坛相结合的多层次、多领域中外科技创新对话交流机制，使得大量的优秀人才积极涌进。我省也可以借鉴其做法，加大经费支持力度，创建吸引外资投入的平台，但是也不能盲目跟从，要着眼于我省的具体经济发展状况，地理人文环境，进行合理适度的投入。我省也可学习广东"哑铃型"模式开展四川国际科技合作与交流的重点领域与国别的研究，确定今后四川省应重点加强与哪些国家和地区在哪些领域进行何种形式的国际科技合作与交流。四川应发挥政府对重点领域开展国际科技合作的引导作用，利用自身的优势产业开展国际科技合作；发挥政府对新兴产业的培育引导作用，实现可持续的国际科技合作；组织重大国际科技交流活动争取更多的国际学术会议、国际专业论坛、国际研讨会及展览会等到四川来举办，以创造更多的机会，让世界了解四川，让四川走向世界，提升四川国际科技合作的层次。

5. 充分利用资源，进行全方位科技合作

四川可借鉴江苏"中—中—外"模式，在建立与其他省份进行科技合作的同时建立国际科技合作，充分引进国内其他城市科技创新，融入四川民俗文化，进行本土的国际科技合作。大力借助社会各部分的力量，扎实四川科技创新能力，进行"学校—企业""企业—企业""政府—企业"的国际科技合作，利用四川地理位置优势，人文环境等，借助国家"一带一路"的宣传推

广，利用传统媒体及新媒体宣传和推广我省国际科技合作，吸引大量优秀人才参与我省的国际科技合作，政府也应在经费技术方面提供大量的经费支持，形成良好的人才激励机制。

第六章　四川省国际科技合作现状及发展对策研究

一、机会与威胁分析

（一）机会分析

1. 科技全球化态势[①]

科技全球化是当今各国科技发展面临的国际环境，能有效地帮助各国整合全球科技资源、深度融入全球科技创新网络。科技全球化无疑为中国科技界提供了赶超世界先进水平的重要战略机遇和条件。

（1）中国产业技术水平与世界发达国家的差距大幅缩小。

以机械工业为例，从1978年到20世纪末，中国累计引进2000多项先进技术，重点骨干企业基本上都引进了国外技术。中国技术引进经费与研发经费之比从2000年的62.3%下降到2008年的15.2%，到2014年再下降到4.2%，表明中国产业技术发展已经达到一个重要的转折点，在一般技术上已经实现与西方发达国家同步发展。2013—2015年开展的第四次国家技术预测对13个重点领域1049项技术的竞争态势分析表明，我国跟踪技术599项，占52%；并行技术355项，占31%；领先技术195项，占17%，这个结果显示中国科技创新进入了"三跑并存、跟踪并行为主"的阶段。

（2）基础研究已跟上世界科技发展主流，研究开发水平大幅提升。

据《国际科技竞争力研究报告（2010）》，中国科学家对世界高被引论文

[①] 魏淑艳. 当前我国国际科技合作的发展策略选择 [J]. 科技管理研究，2009，29（3）：47 - 50.

的贡献在 2001 年仅为 1.1%，2005 年即增加到 5.2%。2006—2016 年更是将这个贡献值大幅提高到 12.8%，跃居全球第三位，其中被引用次数进入本学科前 1‰的国际热点论文占 18.0%，居全球第三位。《2016 研究前沿》显示，在全球 180 个热点和新兴研究前沿中，中国表现卓越的有 30 个，占 1/6，仅次于美国位居全球第二位。

（3）与世界科技中心建立了直接联系。

2015 年，中国国际合作论文达 7.1 万篇，居全球第三位。其中受国内经费资助的比例从"十一五"时期的 31.6%提高到"十二五"时期的 65.2%，全球多作者论文中超过一半有中国学者的贡献。截至目前，中国与约 160 个国家和地区有科技合作关系，签订超过 110 个政府间科技合作协定，加入了 200 多个政府间国际科技合作组织，基本实现了全球覆盖。《中国国际科技合作现状报告》显示，在国际科研合作中心度指标方面，美国以 12.0 居首位，其后依次为英国（6.7）、德国（6.5）、法国（4.7）、意大利（3.8），中国以 2.8 排名第七位。这一报告全方位、多角度地分析了中国在近十年间的国际科研合作现状和趋势，反映了近年中国在国际科研合作网络中的地位和重要性显著提升，国际科研合作取得了"质"与"量"的双重突破。

（4）科技实力有了大幅度提升。

2016 年 5 月，习近平在全国科技创新大会、两院院士大会、中国科协第九次全国代表大会上发表讲话，指出"我国科技发展取得举世瞩目的伟大成就，科技整体能力持续提升，一些重要领域方向跻身世界先进行列，某些前沿方向开始进入并行、领跑阶段，正处于从量的积累向质的飞跃、点的突破向系统能力提升的重要时期"。"从总体上看，我国在主要科技领域和方向上实现了邓小平同志提出的'占有一席之地'的战略目标，正处在跨越发展的关键时期"。"综合判断，我国已经成为具有重要影响力的科技大国，科技创新对经济社会发展的支撑和引领作用日益增强"。[①]

（5）经济创新度持续提升。

在《2017 年全球创新指数报告》中，中国排名从 2015 年的第 28 位和 2016 年的第 25 位迅速提升至第 22 位。在专利产出方面，中国在 2015 年成为全球第一个受理发明专利申请超百万件的国家，达到 110.2 万件，连续 5 年居世界首位；国内发明专利授权为 26.3 万件，居世界第 2 位。不仅国有大中型

---

① 习近平. 为建设世界科技强国而奋斗 [EB/OL]. 新华网，http://www.xinhuanet.com/politics/2016-05/31/c_1118965169.htm，检索时间：2021-02-10.

企业通过引进设备、引进技术或是人才培训提高了管理和技术水平，华为、阿里巴巴、腾讯等一大批民营高科技企业也迅速成长起来，成为国民经济的主体力量。

2. 全面开放新格局构建，两大重磅人才新政发布①

省委十一届三次全会提出，大力实施全面开放合作战略，加快形成"四向拓展、全域开放"的立体全面开放新态势。四川省积极落实，强力推进，加快构建立体全面开放格局，努力走在西部全面开发开放前列。

为吸引高层次的专业人才，提升四川人才队伍核心竞争力。四川于2018年5月发布两项人才吸引政策，包括：对外引才政策，即《关于大力引进海外人才、加快建设高端人才汇聚高地的实施意见》；对内培养计划，即《四川省"天府万人计划"实施办法》，着力海外精准引才、本土积极育才两方面，努力提升人才发展与经济社会发展的匹配度和贡献率，以人才新优势打造发展新引擎。这两项政策措施有力地加快了人才国际化进程，推进建设海内外高端人才汇聚高地。积极的人才吸引政策为提升四川省国际科技合作进程提供了坚实的基础。

3. "一带一路"倡议框架——多式交通联运网络支撑②

四川省作为"一带一路"倡议的核心节点、长江经济带的战略支点、连接"一带一路"和长江经济带的重要纽带，在全方位开放型经济发展的新趋势下，紧抓由内陆走向门户、由后方走向前沿的历史机遇，深入实施"蓉欧+""三大发展战略""四项重点工程"建设，努力建立起与世界互联互通、无缝对接的开放大通道。

交通是构建立体全面开放格局的重要支撑。截至2018年8月，四川已建成国内开行量最大、速度最快、线路最多、覆盖范围最广、开行频率最稳定的亚欧经贸物流国际通道网络，包含了19个国外站点、14个国内站点。2018年，我省新开通成都至以色列、丹麦等国家和地区的国际航线。截至2018年12月31日，成都双流国际机场已开通航线335条，其中国际（地区）航线114条，航线数量、市场活跃度居中西部第一；2018年中欧班列（成都）开行1587列，连续三年领跑全国；四川高速公路对外通道达19条。四川为改善

① 朱虹. 四川发布两大重磅人才新政 [EB/OL]. 四川省人民政府网站，http://www.sc.gov.cn/10462/10464/10797/2018/5/25/10451685.shtml,检索时间:2018 - 05 - 25.

② 高洪文. 深耕"一带一路"，四川争当"排头兵" [EB/OL]. 共产党员网，http://tougao.12371.cn/gaojian.php?tid = 1294497&yulan = yes,检索时间:2018 - 04 - 20.

交通条件持续发力，积极对接"一带一路"倡议，重点突出蓉欧快铁建设，提升改革开放发展水平。蓉欧快铁对于加速四川的区位战略重构，促进中国西部地区与欧洲各国经济贸易交流，增强四川和成都面向泛欧亚产能转移和对外贸易能力所重要作用。以成都为中心"贯通南北、连接东西、通江达海、覆盖全球"的多式联运网络正在成形。四川依托蓉欧快铁通道，构筑改革开放大平台。在开放的大格局中，四川不仅仅是西部综合交通枢纽，也不仅仅是基础设施的物理连接，更重要的是人流、物流、信息流、资金流互联互通的汇聚点。四川已形成有机衔接"一带一路"沿线国家和地区的重要门户，对构建开放发展新格局、加快国际合作进程意义非凡.

（二）威胁分析

改革开放40年以来，国际科技合作成为我国所制定的科技战略的重要组成部分，我国先后出台了一系列政策和措施来推动国际科技合作。在过去几十年，我国在开展国际科技合作方面取得了很大进步，但仍然存在不少问题和挑战，如近年的中美贸易摩擦便一定程度上体现了发达国家对于中国科技发展的遏制态度与封锁态度，这一国际发展态势对于四川省想要大力开展国际科技合作产生了诸多阻碍。

1. 国际科技合作分工不均

科技全球化是在世界经济与科技发展到一定水平后所形成的又一个世界性浪潮。科技全球化使发达国家及其企业在世界科技与经济方面的领先地位得到了进一步巩固与提高，并自始至终处在主动和有利的地位。而发展中国家则在经济方面以及在国际科技合作及其分工的整个体系当中处于边缘下游弱势与被动地位。但是发展中国家在科技全球化浪潮中同时面临着挑战与机遇。如果不采取积极正确的发展战略策略和实践，将有可能被发达国家越甩越远。因此，当前若干科技大国的动态与重要做法特别值得我们关注，从而有利于发展中国家在新一轮的崛起中寻找到自己的恰当定位与在夹缝中求生存的谋略与契机。

2. 国际科技合作参与主体单一

目前我国参与国际科技合作的主体是大学和科研院所，而企业尚未成为国际科技合作的主要参与者。这主要源于当前我国体制环境不够完善。当前，我国自上而下型的国际科技合作经费主要流向大学和科研院所，相比之下，我国企业得到国际科技合作经费相对较少。由于缺乏有效的政策引导，我国企业参与国际科技合作的支持力度严重不足，导致我国企业的国际化研发水平相对较低。

3. 国际科技合作人才流失

科技人才流失是发展中国家面对科技全球化遇到的最大挑战。由于发达国家科学技术环境、研究条件以及科技人才的待遇较好，导致发展中国家的科技人才纷纷流向发达国家。跨国公司人才本土化的战略，又使用了相当部分的当地人才。这样就使得发展中国家成为发达国家和跨国公司人才培养基地，而且还削弱了发展中国家的科技创新能力以及对外科技合作的应对水平，因此面临科学技术发展上的巨大压力。

4. 国际科技合作结构网络不均衡（南向国家）

我国创新发展需要的稀缺资源，如能源、水资源、矿产资源等，大多集中于发展中国家；我国资本跨国投资、初级机电产品市场的开拓，也需要我们处理好与发展中国家的关系。目前我国国际科技合作却集中于欧美等发达国家和地区，而与发展中国家的科技合作力度不足。加大与发展中国家的科技合作是完善国际科技合作网络的重大问题①。

5. 技术转让限制

随着中国越来越逼近世界科技前沿，以美国为首的发达国家对中国科技产业发展的焦虑感将会进一步升级，也会采取多种手段进行打压控制，中国科技界将面临更加严厉的技术出口管制、贸易技术壁垒、资产投资审查等。甚至中国科学家参与国际交流的学科领域和机会也会受到一定程度的限制和影响。过去几年的事实证明，这种情况会越来越多，中国企业面临的技术竞争压力会越来越大。近年来，中国与欧美国家的科技合作取得了一定进展，但欧美国家在技术转让和出口方面对华限制颇多，而且西方对华出口限制的目的正在发生变化。美国对华高科技产品出口管制政策严格。自新中国成立以来，美国就一直对我国实行严格的技术出口限制政策，并频频动用技术出口管制手段制裁或者以制裁威胁中国。

6. 全球政治局面复杂②

中国在应对科技全球化方面将面临更加复杂的局面。随着英国脱欧和特朗普政府退出《巴黎协定》以及中美贸易摩擦不断升级，逆全球化趋势兴起，中国应该本着责任与权利相平衡的原则，继续坚定不移地推进科技全球化特别是创新全球化，持续推出更有针对性的政策措施和战略举措。但欧美日等国在

---

① 王玉民，颜基义，林泉，等. 提升战略定位优化创新功能——我国国际科技合作创新发展的基本方向 [J]. 科学对社会的影响，2006，2006（3）：5-12.

② 王春法. 中国科技全球化政策 40 年 [J]. 科学学研究，2018，36（12）：2148-2150.

高科技领域合作方面对我国设置各种门槛和障碍，限制了我国与科技强国在高科技领域开展广泛而深入的双边或多边合作。

7. 国际科技合作政策支撑条件不足

科技合作的顺利开展需要政府政策的支撑和引导。政策是政府部门发布的、必须遵守的制度，国际科技合作主体必须在政府的政策支持下开展。我国除了海外及港澳学者合作研究基金和外国青年学者研究基金项目之外，其他吸引海外优秀基础科研人才来华工作的资助政策还不充分。例如，外国青年学者研究基金的资助年限最长仅为两年，海外及港澳学者合作研究基金采取"2 + 4"的资助模式，对于研究周期较长的基础研究项目而言，现有的两种人才类项目的资助强度和资助模式还无法吸引高端海外科研人才来华工作。科技投入政策优势不明显阻碍了四川省国际科技合作的发展。政府应出台鼓励企业开展国际科技合作的融资政策、构建科技型中小企业服务网络平台的政策、加大知识产权保护的政策等一系列相关政策来促进当地国际科技合作工作的开展。

二、优势与劣势分析

（一）四川省国际科技合作竞争优势分析

1. 经费投入优势

四川省目前正在着力打造西部技术转移高地，2019 年印发了《四川省技术转移体系构建方案》，方案指出，四川省将从建设科技成果转移转化示范区，建设统一开放的技术市场发展技术转移机构，壮大专业化技术转移人才队伍，培育技术转移示范区，打造技术转移平台；发挥企业、高校、科研院所等创新主体在推动技术转移中的重要作用，构建技术转移体系的"四梁八柱"，形成国家级技术转移示范机构，实现技术、成果、人才、平台、资金等创新资源聚集，构建起国内一流的科技成果转移转化生态圈；主要依托创新创业来促进技术转移，通过创新创业载体推动科技成果转移转化；通过完善国际科技合作的经费支撑，在创新计划与研发，人才的引进与培养以及国际科技合作交流沟通方面，加大支持力度，努力走在西部地区前列，引领西部地区发展，引导技术与人才、资本、企业、产业有机融合，推动科技成果有序流动，高效配置。而要打造这一西部技术高地，政策支撑与经费支撑是不可或缺的因素。

根据调查显示，四川省目前拥有国家级国际科技合作基地 22 个，省级国际科技合作基地 56 个，四川省在区域科技研发上做出较大投入，在国际科技合作环境方面带动了西部地区国际科技合作的发展。同时，在国际科技合作经费方面，四川省在创新合作计划与研发、国际科技合作人才培养以及国际科技合作交流三个方面，投入经费均有增长态势，其中，四川省 R&D 经费内部支出中的国外资金在西部地区处于领先位置。特别是在医学、数理、信息、化学、生命科学等领域组织实施的国际科技合作项目具有四川省独有的特色与优势，提升了四川省的研究开发水平。四川规模以上企业用于引进国外先进技术的投入不断增大，尤其是在西部的比重明显高于在全国的比重，占西部比重的增长率远高于占全国比重的增长率。并且，四川省引进技术合同金额或者占全国的比重都呈现逐年波动上升的态势，由 2014 年的 4.47 亿美元上升至 2017 年的 4.95 亿美元，其占全国比重由 2014 年的 1.44% 上升至 2017 年的 1.51%，上升态势较为明显。由此可见，四川省在引进先进技术方面的经费投入呈现出较好的逐年增长趋势。资金的投入的增加，有利于四川省由低成本优势向产业高端化形式转变，打造西部技术转移高地，构建起一流的科技成果转移转化示范区；有利于形成四川省"四向拓展、全域开放"对外开放的新格局。

2. 知识基础优势

在学科国际科研合作规模方面，四川省在八大学科中均有涉及，学科分布较为均匀，国际科研合作 TOP 10 ESI 学科分别是工程力学、临床医学、材料科学、物理学、化学、计算机科学、地球科学、分子生物学与遗传学、生物学与生物化学和环境生态学。其中，工程科学是四川省优势学科，是开展国际科技合作最多的学科，同时医学、信息、化学和数学处于全国中上水平，西部上游水平，生命科学方面领先于部分省市。四川省各个学科比例与中国基本保持一致，工程力学、材料科学和物理学超过了全国平均水平。且近 5 年内，四川省在工程科学和材料科学两个学科领域，国际科技合作论文数量增长明显。从政府资助力度层面上看，四川的化学、生命、医学及数理科学的单位项目资助金额超过全国平均水平，其中化学科学单位项目资助额和生命科学单位项目资助额位居全国第一；医学科学单位项目资助额和数理科学单位项目资助额位居全国第二。四川在化学、生命、医学、数理科学方面的单位项目资助金额方面优势突出，政府支持力度较大。由此可见，四川省政府在化学、生命、医学及数理科学等方面大力支持，同时，工程力学、临床医学、材料科学、物理学等学科发展较好，是四川省优势学科，具有较强的竞争力。

从四川省高等院校来看，高校间的国际科技合作主要表现在人才交流与培养、国际学术会议、合作研究与开发以及建立国际科技合作基地等方面。在国际科技合作人才队伍建设上，外籍教研人员、海外引才来源主要为美国，其次是韩国和日本两个亚洲邻国；在引入人才分布上，主要分布在四川省"985""211"高校，其次为部分公司和"双一流"建设高校。四川省高校中"211""985"高校国际科研合作论文优势比较明显，由于各个高校侧重领域不同，优势学科也不尽相同。比如，四川大学国际科研合作发文最多的为临床医学，电子科技大学、西南交通大学和西南石油大学为工程力学，四川农业大学和中国科学院成都生物所为植物与动物学科，西南财经大学为经济学与商学，成都理工大学为地球科学。其中，四川大学与电子科技大学优势较为明显，主要优势领域为临床医学、工程科学、物理学、材料化学。并且，四川国际科研合作论文占比与中国科技科研论文占比的差距近几年在逐渐减小。从国际科研合作论文被引情况来看，四川省的国际科研合作论文的质量在全国平均水平之上，在热点论文上，四川国际科研合作紧跟研究前沿。在经费方面，四川省高等院校 R&D 经费内部支出中的国外资金及其占全国比重呈上升趋势，可见我省高等院校对外资的吸引能力在不断增强。综上，四川省高等院校在国际科技合作方面具有较为明显的贡献，其主要优势领域带动了四川省国际科技合作的发展态势，具有较稳固的知识基础。

四川省科研院所主要通过国际会议、校际交流促进、学者推荐以及合作单位邀请等方式参与国际科技合作。四川省国际科研合作国外机构中有美国机构12 个，新加坡机构 2 个，英国、德国、法国、澳大利亚和沙特阿拉伯机构各 1个，可以看出四川省与美国机构国际科研合作最为密切。四川省国际科研合作领域涉及较广泛，主要分布在医药健康、新材料方面，四川省科研院所开展国际科技合作的成果为培育和引进了人才，合作研发并引进了新技术、新产品，集中来看，科研院所在国际科研合作中获得了较大的成果。

（二）四川省国际科技合作竞争劣势分析

1. 开放意识薄弱，国际合作成本较高

四川省属于盆地地形，四周山地丘陵居多，交通布局不便；深居中国内陆，远离港口，国际铁路较少，相比沿海城市地理区域优势不明显，贸易资源相对匮乏。少数民族和农村人口较多，传统思想观念根深蒂固，开放意识远不及沿海地区。

四川省地处内陆地区，对外经济贸易相对沿海地区较薄弱，缺少海港、陆路口岸等天然地域优势，贸易资源相对匮乏。同时四川省地区差异较大，地形破碎，资源分布不均，交通运输不便，导致的工程造价高，交通成本和运输成

本高，当面临国际科技合作机遇时，竞争力远远不如沿海地区。由此容易引发"对外交流难—资源匮乏—竞争力弱—对外交流难"的恶性循环。这也致使四川省进取和革新的氛围远远比不上沿海地区，体制创新、技术创新能力不强，缺乏自主性，在国际合作上影响力较弱。

四川省总体上与东部地区存在较大的人力资本、知识和技术的差距。四川省海外申请专利数量仅占全国的1%，近两年还有下降趋势，在国际科技合作专利方面亟须加强；除大型规模企业以外，广大中小企业对于国际知识产权的认知专业性较弱，加强知识产权中介服务机构的扶持与监督十分必要；目前对境外商标申请有资助的市仅有成都和广安，四川身处内陆本身就极大地限制了国际科技合作，应制定激励政策奖励主动开展国际科技合作的企业或科研机构。除政策激励以外，自身观念转变也十分重要，政府应加强政策宣讲、专项培训等工作，牢固"内陆走向门户、由后方走向前沿"的观念，紧抓"一带一路"倡议的历史机遇，加强建立起与世界互联互通的开放大通道。

当前形势下，我国很多科研院所、院校及企业都在积极探索和开展国际科技合作。但四川在相应反馈上不够明显，四川省引进人才处于全国中等水平，落后于发达省份。同时，外籍人员来华、归国及来华交流主要趋于北京、上海及沿海省份，四川相对较少，在10名之后。国际科技合作的实质是提升科技创新能力，四川省应积极参与和融入全球创新网络，在全球范围内有效整合、配置和利用国内外创新资源，调整并完善高校、企业和研究机构创新体系的结构和相关制度安排，提高创新体系的运行效率和质量，从而提高行业竞争力乃至国家整体的综合竞争力。当前的高校国际科技合作主要包括师生互换、学者互访、国际合作办学、国际合作研究、参加和举办国际学术会议等形式。高校国际科技合作主要体现在国际合作论文、引进具有海外经历的优秀教师、选派教师出国学习交流、与国外高校联合办学、与世界一流大学及科研机构和企业合作等形式，我国高校构建国际合作下的科技创新体系的路径选择主要有学科融合型、项目共同研究型、研究中心共建型等形式。

但是，目前四川省国际科技合作的模式构建尚未引起研究者的关注。对于四川省企业而言，目前大部分国际科技合作方式还是人才交流，缺乏与合作伙伴搭建关系的机会及合作经费不足是大部分企业开展国际科技合作所面临的棘手问题；对于科研机构而言，目前国际科技合作方式主要为人员交流，机构签署合作协议，以及参加国际会议及论坛三个方面。同时科研院所面临着更多元化的国际科技合作制约，如管理体制不完善，缺少高级团队及人才，缺少合作伙伴，经费不足等；对于高校而言，四川省高等院校投入在境外科技合作的经费很少，虽然在西部处于领先位置，但在全国来看，比重较低，落后于发达地区，开展的国际科技合作项目较少。在人才建设上四川省相比于东部发达地区仍相对落后，大多海外人才及留学人员多趋于北京、上海及沿海地区，如在全国外籍人员来华留学人数中，北京达到 80786 人，而四川省只有 13990 人。据调查分析，投入高校的科研经费远远没有投入企业和科研院所的比例大，然而，调查显示，高校的优势学科领域极大地带动了四川省相同领域的发展，说明高校的定向人才输出为企业创造了源源不断的动力。因此，加大川内高校科研经费投入比重十分必要。

综上，四川省整体开放意识薄弱，国际合作成本较高，即使有部分先进的企业或科研院所开始尝试进行国际科技合作，但也受到了各方面的掣肘。当下，应着手解决凸显的合作渠道少、经费不足两大难题，同时，积极学习其他地区国际科技合作模式，加强人才交流，充分发挥西部科技创新国际合作"领头羊"的作用。

2. 国际科技合作程度较低，自主创新动力不足

目前，四川省科技机构参加国际科技合作的最主要的方式是学术沟通交流，选择继续深入合作的伙伴很少，说明四川省亟须提升国际化水平以及科研项目质量，增强合作创新能力，吸引外来合作者。

据调查统计，四川省国际科研合作 ESI 学科规模较大，覆盖了工程科学、临床医学、材料科学、物理学、化学、计算机科学、地球科学、分子生物学与遗传学等 22 个学科，四川省国际科研合作论文占比达到了全国平均水平，部分优势学科超过了全国平均水平。但是，四川省各学科高被引论文比例整体低于中国各学科高被引论文占比，学科国际科研合作影响力小。四川省相对于北京、江苏、上海和广东等发达省市，开展国际科技合作时间较晚，所以数量较少，但近几年合作范围在逐渐扩大。这提醒我们在国际科技合作方面进一步提高数量的同时，也要推进高质量发展，做到有所进取、以进求稳。

2014—2017 年，四川省规上企业引进技术经费支出累计 13.24 亿元，虽然逐年有所增长，但在全国占比仅 0.79%，与北京、上海、广东、江苏、重庆等还存在较大差距；四川省规上企业引进技术消化吸收经费支出累计达 6.07 亿元，占全国总量的 1.27%，并逐年减少。这表明企业内在动力不足，企业在国际科技合作方面支出较少，对国际科技合作的需求不够强烈。

同时，四川的国际科技合作大部分处于被动状态，往往是对方有了想法、制订了计划之后，我国科研人员再加入。这样我们充当了"高级智力打工者"，没有自己的知识产权，没有话语权。出现这种情况的首要原因是自主创

新能力不强。科技创新是国际科技合作可持续进行的重要因素，亟须受到重视，缺少科研创新能力直接导致四川省国际科技资源匮乏。面对此情况，四川省应该加快转变自身在国际科技合作中的地位，由"被动"转变为"主动"，积极融入全球科技创新网络，优化科研环境、提升科研实力，发挥主体作用。

3. 政策吸引力不足，顶层设计亟须完善

国际科技合作的顺利开展需要政府政策的支撑和引导。政策是政府部门发布的、必须遵守的制度，国际科技合作主体必须在政府的政策支持下开展国际科技合作。科技投入政策优势不明显阻碍了四川省国际科技合作的发展。针对部分企业开展国际科技合作过程中遇到的资金短缺、单个企业很难以最小的成本在世界范围内找到合适的国际科技合作对象、外方对我国知识产权保护信心不足等问题，政府应出台相应的鼓励企业开展国际科技合作的融资政策、构建科技型中小企业服务网络平台政策、加大知识产权保护的政策等一系列相关政策来促进当地国际科技合作工作的开展。

2018 年 5 月，四川省发布两大人才新政，分别是对外引才政策《关于大力引进海外人才、加快建设高端人才汇聚高地的实施意见》和对内培养计划《四川省"天府万人计划"实施办法》。着力海外精准引才、本土积极育才两方面。但就现有的科学基金国际合作研究和交流项目的资助格局而言，除了海外及港澳学者合作研究基金和外国青年学者研究基金项目之外，其他对于吸引海外优秀基础科研人才来华工作的资助政策还不充分，在引进外国高端人才方面落后于东部发达地区，且四川省人才 88% 都分布在成都，地区发展严重不平衡，四川省购房、子女教育、社会福利等人才政策力度不强，对于海外高精尖人才的吸引度不够，现有的两种人才类项目的资助强度和资助模式还无法吸引高端海外科研人才来四川工作。目前四川存在着"重引进、轻服务"现象，缺乏对海外优秀人才做出长远的国内发展规划的引导。

三、战略分析

2018 年 1 月 26 日，四川省第十三届人民代表大会第一次会议开幕，省政协委员、西南交通大学牵引动力国家重点实验室副主任、研究员、博士生导师温泽峰表示："习近平总书记在党的十九大报告中指出，中国坚持对外开放的基本国策，坚持打开国门搞建设，积极促进一带一路国际合作，努力实现政策沟通、设施联通、贸易畅通、资金融通、民心相通，打造国际合作新平台，增添共同发展新动力。国际科技合作基地是我国开展国际科技合作的重要平台。

其发展采用项目—人才—基地相结合的国际科技合作模式，近年来实现了对国际创新资源的有效集聚和利用，在我国的国际科技创新合作中发挥了引领和示范作用，为落实创新驱动发展战略和科技外交提供了有力支撑。据介绍，截至2016年底，科技部先后共认定了642家国家级国合基地，包括29个国际创新园、169家国际联合研究中心、39家国际技术转移中心和405家示范型国际科技合作基地，形成了不同层次、不同形式的国际科技合作与创新平台。"

（一）战略目标

随着科技进步、技术更新速度加快、信息化水平提高，全球资源流动效率显著提升，全球一体化理论已得到广泛认同。作为西部领跑的科技创新大省，特别是在响应国家创新驱动发展战略号召、实现"五位一体"战略布局的新时期，四川省在科技创新及国际科技合作方面已取得了显著成绩并具备地区性的发展优势。但因资源约束、地域限制、国际科技资源匮乏等一系列因素限制，所以如何在立足本土发展实情的前提下探索出新型国际科技合作发展之路，是四川省把握历史发展契机，提升经济发展效率，增强产业科技创新竞争力，实现人才智慧充分发挥、资源高效利用、生态友好发展的关键，也是加快构建四川"四向拓展、全域开放"对外开放新格局的重要举措。

1. 集聚政府力量，助推国际科技合作水平提升

目前企业、科研机构、高校等国际科技合作主体主要面临合作经费来源不足、信息闭塞、合作深度不够、人才资源不充足等问题，特别是合作经费来源不足直接限制了企业、科研机构、高校等合作主体的对外合作意愿与合作能力。四川省各市州政府国际科技合作水平参差不齐，不利于四川省国际科技合作的协调发展，限制了全省在国际科技合作上形成齐头并进的格局。因此，四川省政府应当做好顶层设计，完善国际科技合作的政策制度，提高全省各市州政府加强国际科技合作意识，并为有个别困难的市州地区提供方针建议、扶持资金。同时，四川省应当在全省范围内健全以政府为助推力量的国际科技合作资金体系，划定国际科技合作重点领域，提供优渥的资金、政策支持，鼓励企业、科研机构、高校等国际科技合作主体大胆拓展合作领域；应当积极搭建更多的优质平台，如加强建设国际科技合作基地、国际创新合作平台等，为企业、科研机构、高校等国际科技合作主体提供更多与国外优质单位沟通交流的机会，减少交易成本；引导和扶持国际科技合作中间机构的发展，为企业、科研机构、高校等国际科技创新主体减少因信息不对称带来的机会成本；要积极建立健全的人才海外培养、人才海外引进政策体系，为四川省留住人才、引进

人才，为企业、科研机构和高校等国际科技合作主体注入智力资源。

2. 发挥主体力量，提升国际科技合作质量

加强国际科技合作的目的主要是实现技术的引进、消化、吸收、再创新，提高产业科技竞争力，提升四川省经济发展效益。企业、科研机构和高校等作为国际科技合作主体面临资金不足、建立合作关系渠道狭窄、合作方式单一、合作对象固定等问题。在政府完善健全有关制度、提供相应帮助的前提下，企业应当转变传统的经济发展方式，探索高效创新发展之路，培育"引进、消化再吸收"意识，形成核心技术竞争力，推动行业转型升级；科研机构和高校要拓展合作广度，探索新型国际科技合作道路。要发挥在企业市场的主体作用，深化国企改革，推动国企加强国际科技合作，发挥资金雄厚优势，积极拓展国际科技合作领域的广度、延伸合作内容的深度，促进技术转化，培育核心技术优势。

3. 把握经济快速发展契机，拓展合作对象广度

省委十一届三次全会提出，大力实施全面开放合作战略，加快形成"四向拓展、全域开放"立体全面开放新态势。四川省积极落实强力推进，加快构建立体全面开放的格局，努力走在西部全面开发开放前列。在全球一体化资源流动速度加快的大背景下，四川省国际科技合作的主要对象国别较为广泛，主要是以美国为首的创新型发达国家，这是由于这些国家科技发展水平较高、技术更新速度快，具有创新发展优势。发展中国家在技术领域处于弱势地位，在接受发达创新型国家技术转移的同时，易受到这些国家的技术要挟，面临风险。且在全球一体化背景、各国科技发展水平迥异的前提下，不同国家仍具备比较优势。目前，"一带一路"建设已进入实质性合作阶段，中国与中亚五国的双边贸易额截至2017年已达到193.84万亿美元。在中国与"一带一路"沿线国家贸易额增长的大背景下，贸易品技术结构已呈现优化趋势：2003—2009年以纺织、服装、金属制品等为主的低技术产品出口比例呈上升趋势，但2009年以化工制品、运输设备、制造业机械设备等为主的中技术产品出口比例开始回升，2013年其比例达到42.26%，且电子电器、精密仪器等高技术产品的出口比例一般维持在9%左右①。四川省处于"一带一路"倡议主要交通走廊，在大力倡导"一带一路"倡议的同时，四川省迎来了新的历史发展机遇，应当顺势而为，加强与"一带一路"沿线国家的国际科技合作，实现合

---

① 张冰，徐艳. "一带一路"背景下中国与中亚五国贸易品技术结构分析［J］. 特区经济，2018 (12)：36－40.

作对象的拓展。

（二）战略定位

国际科技合作加快了科技创新资源在全球范围内的整合和有效配置，改变了传统的科研组织结构和创新方式，正逐步成为大国外交和国际博弈的重要筹码。加快科技创新发展、提高自主创新能力，既需要依靠自身力量，也可通过开展广泛的国际合作，充分吸收利用全球创新资源。当前，四川省正处于创新驱动发展、经济转型升级的关键时期，国际科技合作是四川省形成和凸显全球影响力的重要途径。我国处于并将长期处于重要战略机遇期，有以习近平同志为核心的党中央掌舵领航，有中央对西部发展大力支持的良好机遇，四川省作为西部开放程度第一的省份，西部国际科技合作高地，理应在西部国际科技合作格局中发挥率先、示范、探索作用①。

近年来，随着科技创新实力和国际竞争力的提升，四川省科技发展在全球科技格局中的地位正由跟随者向并行者迈进，在某些领域正加速向领跑者靠近。面对新形势，我省对国际科技合作的认识已明显滞后，应顺应科技全球化发展潮流，主动出台相关措施，积极应对科技全球化，率先深化国际科技合作与交流。一是在战略定位上，把国际科技合作上升到有效利用全球战略资源，特别是科技创新资源，为民族生存发展争取新的战略空间的高度，设计整体部署和长远规划；二是在自身定位上，更多地将自身视为全球科学技术知识的创造者、贡献者；三是在政策定位上，国际科技合作政策除了要与其他方面的政策混搭，还要更多地制定专门的扶持政策。

四川省战略目标要从一般性国际科技合作转向以《中长期科学和技术发展规划纲要》为目标、以需求为导向的国际科技合作，合作方式要从注重项目合作转向整体推进"项目—人才—基地"相结合，合作内容要从注重技术引进转向"引进来"和"走出去"相结合，合作主体要从以政府和科研机构为主转向政府引导、多主体共同参与，任务确立要从"自下而上"的立项机制转向以《中长期科学和技术发展规划纲要》为导向的"自上而下"的立项机制②。重点合作领域包括：工程科学、临床医学、材料科学、物理学、化学、计算机科学、地球科学、分子生物学与遗传学、生物学与生物化学、环境

---

① 张仁开."十三五"时期上海市深化国际科技合作思路研究［J］.科技进步与对策，2015，32（10）：24－27.

② 程如烟. 30 年来中国国际科技合作战略和政策演变［J］. 中国科技论坛，2008（7）：7－11.

学、生态学、基础学科和科学前沿等。四川省各学科国际科研论文比例基本与中国平均水平保持一致，甚至工程科学、临床医学、材料科学和物理学学科国际科研合作比例超过了全国的平均水平；国际科研合作论文规模较大，在西部地区国际化程度较高；在热点论文上表现突出，反映了四川在国际科研合作上紧跟研究前沿和热点。四川省国际科研合作持续加强，国家和地区范围不断扩大，科研合作的无国界趋势越来越明显，与经济合作与发展组织（OECD）、欧盟、"一带一路"沿线国家、南向开放国家、东盟、中东、北欧、金砖国家等均建立合作网络；在计算机与控制、半导体和电子电路、药物、食品、通信、等产业与海外国家联系较为紧密；除去沿海省份和一线直辖市，四川作为西部大省，专利申请量位居内陆对标省/直辖市的头名。

政府应该积极组织实施省委十一届三次全会做出的"一干多支、五区协同""四向拓展、全域开放"战略部署，全面落实习近平总书记关于推动治蜀兴川再上新台阶的重要指示。同时，政府还应该紧密结合我省中长期科技、经济发展战略规划目标，根据重大科技工程、科技攻关计划以及各产业部门的产业结构调整，考虑重大技术改造与技术引进规划等的实际需要，研究制定未来我省各类型国际科技合作项目的组织方法与对策，将我省国际科技合作推向一个"高质量、高水平、多渠道、多形式、纵深化"的新阶段[①]。

（三）战略选择

与发达地区相比，我省在国际科技合作基地建设方面尚存在一些不足。截至 2016 年底，我省国际科技合作基地数量为 20 家，全国排名第 10；我省装备制造业在全国具有独特优势，但该领域的国际科技合作基地数量偏少；国际科技合作经费投入不足；不少具有较好国际科技合作基础或潜力的科研院所和企业对基地建设政策了解不足；基地发挥的作用有待加强。

为了克服这些不足，加强我省国际科技合作基地建设，可通过加强我省与科技部的沟通协调，结合我省实际，争取更多的国家级国际科技合作基地建设指标；加大对国际科技合作基地的资金支持力度，营造良好发展环境，提升合作基地发展质量；加强拓展国际合作范围，优化合作基地布局，推动我省优势技术和成果"走出去"，同时，借助"引进来"实现重大关键技术突破，助力培育新产业增长点；加大我省高校建设国际科技合作基地的支持力度几个方面来实现。

---

① 刘云. 安徽省国际科技合作的现状与发展对策［J］. 科研管理，1998（6）：66－74.

目前我省基本形成了从双边到多边、从官方到民间、从中央到地方、从企业到科研机构和高等院校的多渠道、多层次、全方位的国际科技合作格局①。且本省作为西部经济"龙头"，在西部地区国际科技合作发展方面更是起着引领作用。四川省在本省国际科技合作战略选择方面应当注重以下原则：一是必须明确和具体；二是战略选择必须有科学的依据；三是其实施路径必须具有挑战性并切实可行；四是战略制定应突出重点；五是战略应形成一个完整的体系。基于此，在新时期下，四川省的国际科技合作战略及其相关的政策需要做适当的调整，聚焦差异化，适应我省整体国际科技合作的新需要，采取"质"与"量"并重的中高速、多样化发展型发展战略，立足于四川省"四向拓展、全域开放"的立体全面开放新态势，制定包括但不限于思想层面设计、政策体系改革、政府与民间作用、经费管理、人才政策等方面的发展战略，为本省国际科技合作稳步高质发展奠定理论基石。

1. 坚持互利共赢的指导思想②，加强和完善顶层设计

面对当下国际科技合作新特点，四川省应当做好顶层设计工作，不断增强合作的意识，坚持以互利共赢为指导思想，加强在政策制度及环境等多方面的建设，形成带有四川特色的立体开放合作新模式，加快从科技大省转向科技强省的发展进程。一是解放思想，放开眼界，以更开放的态度和超越国界的科学精神和服务精神推动国际科技合作事业的发展，推进科技体制改革向深入展开，追求互利共赢的合作目标。二是制定我省国际科技合作的配套政策与国际合作的管理体系与项目评估机制，放宽各主体对外国际合作的权限，在更大范围内推动多主体参与国际科技合作，形成对国际科技合作的稳定支持模式和动态调整机制③。三是建立和完善本省国际科技合作信息库，学习和借鉴国际上、国内各省国际科技合作的先进科学思想和方法、组织与管理方式，深入认识和研究国际科技合作的内在规律和规则。四是做好知识产权的保护和利用，完善产权保护制度、专利制度，从法律、制度层面有效保障四川省国际科技合作的长期持续良性发展。五是加快转变合作主体，从以政府和科研机构为主，

① 单玉丽，苏美祥. 全球化视阈下的国际科技合作与我省对策［J］. 亚太经济，2011（6）：134-139.

② 樊春良. 对外开放和国际合作是如何帮助中国科学进步的［J］. 科学学与科学技术管理，2018，39（09）：5-22

③ 孙福全，董书礼，张换兆. 国际科技合作与中国科技的跨越式发展［J］. 科技创新与生产力，2010（10）：1-5.

转向政府引导、多主体共同参与，任务确立从"自下而上"转变为"自上而下"①，积极引导各方主体积极参与国际科技合作。

2. 稳固西部发展高地地位，发挥"领头羊"示范作用

面对本省国际科技合作发展现状，四川省一是应当继续稳步推进国际科技合作事宜，不断扩大国际科技合作范围，提高国际科技合作的质量，树立四川国际科技合作品牌优势，稳固自身作为西部经济发展高地的优势；以西部发展高地孕育国际科技合作可继续发展，国际科技合作同时也可反哺本省，乃至西部经济，二者相辅相成。二是应当积极充分发挥西部科技创新国际科技合作"领头羊"的作用，开放创新，大胆尝试，打造成都国际科技合作先行示范区，通过典型带动形成后发优势，在西部国际科技合作中产生良好的示范作用。四川省大力推动国际科技合作事业发展，科技创新合作不断增多，带来的经济效益显著提升；西部各省与四川省经济发展情况多有相似，可从四川省经济发展中寻求经验借鉴，避免少走弯路，进而推动本省国际科技合作事业发展，带动经济稳步高质高速发展。

3. 搭建国际科技合作信息共享平台，推进技术多向转移

正视并重视省内高校、科研院所、企业等主体在国际科技合作中的重要地位，发挥其能动性及积极性，扩大国际科技合作参与主体范围，建立国际科技合作智库，提升国际科技合作广度与深度。当前四川省高等学校 R&D 经费相对企业和科研院所较少，四川对境外机构支出资金在全国属中下水平，联合境外机构开展的科技创新活动也较少。因此四川省一是应大力支持重点高校重点学科建设，加快省内高校（如"双一流"学校）、科研院所的建设进程，通过实施西部国际知识创新高地计划提高本地高等教育实力、加大引才力度，营造优良科研环境，集聚海外高层次人才，形成自身的科技创新原动力。二是应注重开放式创新，加强与境外机构合作研究与交流，以更为开放的态度进行国际科技合作，推动技术由单向或双向向多向转移，构建四川省独特的国际科技合作强关系网络，促进科学合作升级，助力国际科技合作的发展。

4. 优化 R&D 经费使用比例，构建多元化的经费投入体系

目前，四川省规上企业用于技术引进的投入较低，技术消化吸收再创新率较低、内在动力匮乏，在 R&D 经费内部支出资金来源结构中国外的资金量相对较少、研发活动对外资的吸引力有待加强等问题较为突出。鉴于此，四川省

---

① 教育部. "十一五"期间国际科技合作实施纲要［EB/OL］. 中华人民共和国教育部网站 http://www.moe.gov.cn/s78/A16/kjs_left/s8234/tnull_20201.html，检索时间：2020 - 03 - 20.

可从几个方面推动国际科技合作发展，一是引导企业因地制宜开展相关国际技术及资本引进，注重技术自主创新和技术再改造，提升引进技术消化吸收再创新的内在动力，助力科技创新。二是鼓励我省企业走并购国外科技企业的国际化道路，鼓励我省企业建立海外研发中心，转变对外科技合作投资方式，充分利用外国先进科技资源加快自身科技水平提升，加速技术升级。三是重视国外民间研究投资机构、企业等在国际科技合作中的作用，多渠道、全方位大力吸引外资，优化科技创新活动的资金来源结构，加强国际科技交流与合作，推动国际科技合作纵深发展。

5. 关注我省基础、优势和特色的重点学科及领域，转变参与身份并加强自主创新

四川省应加快转变在国际科技合作中的地位，变参与者为策划者，变被动为主动，在具有学科基础优势的领域，加强国际交流与合作，从规模和效益上做大做强；在相对弱势的学科领域，积极参与，提升本省国际科技合作水平，汲取先进知识及技术。具体的做法总结为以下几点。一是可依托本省基础优势和具有特色的重点学科及领域，建立由我省牵头组织的国际合作组织或计划，以我为主地开展国际科技合作活动，利用国际力量更好地促进我省在这些优势领域的发展①。二是在整合现有国际科技合作基地的基础上，建立一批以企业为主体、产学研紧密结合的国际科技合作联盟，引导创立四川省国际科技创新中心（园区），积极承接国际技术转移，针对薄弱学科专项突破、重点攻坚，开展实质性合作研究，致力于国际合作重点行业共性关键技术研发，激发企业合作创新内生动力，推动本省在这些领域的稳步发展。三是不断提高本省科研能力，提升自身的吸引力②，坚持自主创新，在攻克关键技术和核心技术方面多加部署力量，提升四川省本身的科技能力，增强国际科技合作吸引力。

6. 完善人才交流、引进与培养机制，充分利用全球智力资源

人才是当今科技发展必争的稀缺资源，对于国际科技合作的发展而言，高水平人才在其中发挥的作用更是不可忽视。四川省在人才引进方面，应加快完善外专引智政策，逐步建立以"为我所用"为核心理念的人才引进与交流新模式，采取多种方式鼓励和加强对人才引进与交流的支持力度。具体可从如下

---

① 黄宁燕. 关于新形势下提升我省国际科技合作发展层次与规模的思考［J］. 中国科技论坛，2003（4）：3-6.

② 张心悦，宋伟，宋晓燕. 我省科研机构国际合作网络的演化分析——以SCI中创新管理领域的科技论文为例［J］. 中国高校科技，2015（7）：12-17.

方面入手：一是建立科学合理的人才激励和人才流动机制。一方面，进一步完善软环境，为人才引进做好思想、制度及组织上的建设准备，如设计好人才引进后的中长期激励制度；另一方面，实行更加灵活的人才引进政策，如减少人才聘用和任职的限制、实行国际接轨薪制。二是重视和发挥我省在海外的科学家在国际科技合作中的作用，促使高精尖人才回流省内。三是培养专业的科技外事人才，建立专门的科技外事人才学院或在省内普通院校中设立科技外事人才常规培养项目。当前国际科技合作中，对于科技外事人才的培养十分欠缺，无法适应当下国际科技合作的时代需要。

7. 加强与发达、发展中国家和地区的科技合作，关注重点合作对象及领域

根据调研数据显示，四川省与美国、欧盟国家、日本等主要科技大国国际科研合作相对集中，与经济合作与发展组织（OECD）、欧盟、"一带一路"沿线国家、南向开放国家、东盟、中东、北欧、金砖国家等均建立合作网络。"科技先行，为经济铺路"应成为四川省国际科技合作"走出去"战略服务的主导策略。一是在与发达国家进行国际科技合作时，四川省应提高国际科技合作项目引进质量，加快消化吸收，促使国际科技合作中的高水平科技转化为本省的生产力，提升国际科技合作深度，侧重科技输入。二是在与发展中国家和地区进行国际科技合作时，应强化我方的主导地位，加大对外援助的力度，增加援外经费份额，可通过科技援助和技术贸易积极扩大技术输出和技术转移，扩大国际科技合作空间的广度，并通过合作研究、联合调查、技术培训等多种形式，促进技术、产品、设备、劳务出口，开创本省对外开放合作的新局面，加快形成"四向拓展、全域开放"的立体全面开放新态势。

第七章　促进四川省国际科技合作的政策建议

一、发展特色及品牌

2018 年，四川省委、省政府印发《关于加快构建"5＋1"现代产业体系推动工业高质量发展的意见》，推出一系列政策措施，着力培育电子信息、装备制造、食品饮料、先进材料、能源化工五个万亿级支柱产业和加快数字经济发展；同时提出了集成电路与新型显示、新一代网络技术、大数据、软件与信息服务、航空与燃机、智能装备、轨道交通、新能源与智能汽车、农产品精深加工、优质白酒、精制川茶、医药健康、新材料、清洁能源、绿色化工、节能环保 16 个具有四川特色的重点产业培育方案。构建"5＋1"现代产业体系是着眼解决习近平总书记指出"产业体系不优"问题，加快发展四川实体经济而做出的重大决策，是推动高质量发展的内在要求、建设经济强省的重要支撑、发挥优势的现实选择和抢抓发展先机的关键和特色之举。而这 16 个重点产业是对四川省重点培育五个万亿级产业的再细分，是加快推动"5＋1"产业发展的重要突破口和关键点。

（一）电子信息产业

电子信息产业要聚焦关键领域、突出优先方向，攻克一批关键核心技术，加快提升产业层次、技术水平和规模效益。在五个万亿支柱产业中，电子信息产业的规模是最有可能率先突破万亿元大关的，其未来重点聚焦新型显示、集成电路、网络安全等重点领域，培育 5G、智能穿戴设备等一批发展潜力巨大的产业。四川省要加快建设全球重要的电子信息产业基地，力争到 2022 年产业规模突破 1.7 万亿元。

（二）装备制造产业

装备制造产业要注重高端突破、提档升级，发挥军民融合优势，推进智能制造、绿色制造、服务型制造；重点抓好航空与燃机、轨道交通、节能环保装备、智能制造等高端领域，着力推动汽车产业提档升级，加快建设具有国际影响力的高端装备制造基地，力争到 2022 年产业规模突破 1.2 万亿元。

（三）食品饮料产业

食品饮料产业要"强龙头、树品牌"，进一步做强产业集群、做大产业规模。食品饮料一直是我省特色优势产业，四川省应重点推动川酒、川茶、川菜、川果、川药等领域发展，培育一批茶、竹、果蔬、中药材和饮用水全国知名品牌，加快建设"中国白酒金三角"和全国重要的食品饮料生产基地，力争到 2022 年产业规模突破 1.4 万亿元。

（四）先进材料产业

先进材料产业要强化自主创新，壮大核心企业，培育拳头产品，延伸产业链条。先进材料产业在我省的发展潜力巨大，在这个领域重点是加大力度推进关键技术和拳头产品研发，尤其是推进先进化工材料、先进建筑材料、钒钛钢铁稀土等重点产业发展，加快建设国家重要的新材料产业基地，力争到 2022 年产业规模达到 1.1 万亿元。

（五）能源化工产业

能源化工产业要加快绿色转型、推进清洁高效利用，大力发展新能源，推进化工行业改造提升。我省是全国最大清洁能源基地，水电装机达 7500 多万千瓦，在建装机还有 2000 多万千瓦，天然气（页岩气）储量也很丰富。四川省能源化工产业的重点工作是有序推进水电、风电、太阳能等资源开发和促进水电消纳，优化天然气（页岩气）开发模式，提升化工产业技术含量和产业附加值，加快建设国家重要的优质清洁能源基地和精细化工生产基地，力争到 2022 年产业规模突破 1 万亿元。

（六）数字经济领域

四川省在数字经济领域要坚持融合创新、协同发展，突出产业数字化、数字产业化，积极创建国家数字经济示范区。目前，我省数字经济规模已经超过

1 万亿元，并且保持高速增长态势。数字经济具有很强的渗透性和融合性，是实体经济转型升级的"催化剂"和"加速器"，具有新动能导入、新优势培育的强大功能。大力发展数字经济，是省委省政府做出的一项重大战略决策。我省下一步将建立全省数字经济发展推进机制，围绕网络强省、数字四川、智慧社会建设目标，加速推动数字产业化和产业数字化，以数据流引领集聚资金流、技术流、人才流，提升大数据产业能级，形成数据驱动的经济。

（七）小结

发挥我省的特色优势和品牌，把握产业发展趋势和方向，充分结合自身实际，"成链""集群"发展，是培育方案的主攻方向。我省要积极响应"创自主品牌、创优质高新产品"的口号，让中国标准得到世界各国的认同。目前，全省已围绕 16 个重点产业和数字经济领域梳理出 500 余个项目。四川省还将进一步加强与国家部委和央企的对接，深化与更多世界 500 强、中国 500 强、民营企业 500 强企业的战略合作，推动更多技术先进、附加值高、带动性强的项目落地四川。同时，我省工业发展资金也将进一步提高支持集中度，重点支持 16 个重点产业和数字经济领域的项目。构建"5 + 1"现代产业体系，必须找准突破口，把握关键点，咬定目标，精准发力；要进一步优化产业结构，改造提升传统产业，发展壮大新兴产业，做强、做优质量品牌；要进一步强化创新能力，突出企业创新主体地位，实施重点企业研发活动全覆盖行动，开展产业瓶颈技术和关键共性技术攻关，加快军民融合发展，推动产学研用协同创新实现更大突破；要进一步优化产业布局，推动新兴领域"建链"、传统领域"延链"、优势领域"补链"，打造优势产业链和产业生态圈，支持各地布局发展具有比较优势的主导产业；要进一步壮大市场主体，实施"百亿强企""千亿跨越"行动，打造一批大企业大集团，梯度培育中小微企业，大力支持民营企业发展。

二、南亚、东盟国家合作建议

面对中美贸易摩擦带来的新的国际合作形势，我国及我省应积极采取相应措施，通过各种国际机构宣传反贸易保护，尤其是寻求发展中国家的支持；另外要继续加强与南亚及东盟国家的科技合作，扩大我国及我省的贸易朋友圈，建立最广大的国际贸易统一战线，反对贸易保护主义和单边主义，维护全球多边体制和开放经济格局。

（一）对南亚国家开放合作的建议

1. 强化对南亚开放意识，坚持正确舆论引导

四川要强化对南亚开放意识，代表中国西部与南亚国家开放合作，需进一步调整对外经贸发展战略，发挥自己的产业优势，重视与南亚区域经贸的多层次、多领域合作。同时，四川新闻媒体应主动加强与南亚各国主流传媒的开放合作，加强相互间的深度报道，充分发挥新闻传媒的舆论导向作用，争取造势与做事并行，深化中国四川与南亚国家企业界的相互认识与了解，消除误会和偏见，营造中国四川与南亚合作的良好氛围。

2. 借助"西博会"平台，构建长效合作机制

四川可以借助一年一度在成都召开的中国西部国际博览会平台，将四川省贸促会主办的"中国四川—南亚区域经贸研讨会"合并，增设"中国与南亚合作论坛"，促进中国与南亚国家在政治、经济、社会、文化、教育等方面的全方位（包括传统与非传统）深度合作。随着时机的成熟，四川省争取创建总部设在成都的"中国与南亚经济合作组织"，积极推动中国与南亚经济共同体的构建，签订《中国与南亚经济一体化框架协议》，为四川与南亚合作提供制度保障。

3. 实施大开放战略，形成"三轴一环"格局

四川可以积极寻求国家层面的支持以及与兄弟省市的通力合作，尽快打通四川与"三轴一环"的"南亚三角"大开放体系中各重要节点的有形实体通道与无形信息通道，形成快捷开放的人流、物流、信息流、资金流、技术流枢纽。

4. 成立民间研究机构，提供决策智力支持

四川可以依托教育部人文社会科学重点研究基地四川大学南亚研究所和教育部"985"工程四川大学南亚与中国藏区创新研究基地，整合四川省社科院和相关社会机构的研究力量，成立"中国四川与南亚合作研究中心"，组建"四川省南亚学会"，组织协调科研资源，为省委、省政府提供决策的智库支撑。

5. 建设投资创业园区，促进经贸深度合作

四川可以打造一个具有国际化功能的，集加工、物流、商贸和金融等于一体的"中国西部南亚投资创业园区"。依托这个园区，吸引南亚外资，整合西部的资源，推动四川与南亚国家在高新技术（信息）、农业、教育、旅游业、制药业以及基础设施建设等方面的深度合作，促进商贸交易、技术合作、人员

交流，拓展一个拥有 15 亿人口的南亚巨大市场。与此同时，可在南亚有关国家，如印度、孟加拉国和斯里兰卡以及巴基斯坦建立"四川投资工业园区"，推动四川优势产业和过剩产业向南亚市场转移，打造独具特色的"中国四川造"品牌。

6. 创建南亚领事中心，畅通官方交流渠道

成都可以规划一个南亚领事馆（或办事处）区，争取外交部的支持，让更多的南亚国家在成都开设领事馆（或办事处）。若南亚国家都能在成都设立领事馆或办事处，将对四川与南亚的开放合作产生重要的积极影响。

7. 积极缔结友好城市，深化认知增进互信

目前四川省与巴基斯坦旁遮普省建立了友好省际关系，四川大学与旁遮普大学建立了校际友好合作关系。因此，四川省的其他城市或高校、企业也可以与南亚相关城市或高校、企业建立友好关系。比如，成都可以争取与印度班加罗尔、拉合尔等建立友好城市关系，以促进官方或民间的相互了解，增进互信，达成共识，为四川与南亚的合作扫清思想和心理障碍。

机遇与挑战并存，困难与光明同在。四川在这个历史的关键时段，必须敢于担当，审时度势，顺势而为，大胆推进，努力开创对外开放合作的新局面。

（二）与东盟国家开放合作建议

目前，四川建立的友好城市共有 97 个，其中东盟国家的友好城市只有 6 个，但这也正说明了四川与东盟国家合作的发展潜力和拓展空间。四川省委十一届三次全会提出四川将实施全面开放合作战略，形成"四向拓展、全域开放"的立体全面开放新态势。其中，把南向作为四川对外开放的重点。近年来，四川省与南向国家贸易额占全省 1/4 左右，东盟国家已成为四川省第二大贸易伙伴，仅次于美国，但增幅比美国高 20%，可以说市场巨大、潜力无限。所以四川与东盟国家的交流要持续进行。

1. 利用自身优势，进行合作交流

将成都作为南方丝绸之路的起点和"一带一路"倡议的重要节点，促进一批有较高知名度和较强市场拓展能力的自主品牌外向型企业开拓东盟市场，引导东盟国家在文化、能源、教育、医疗、商贸等领域的优势资源集聚，采用地方政府整体规划、企业市场运营的模式，充分享受成都双流综合保税区的特殊功能政策。同时在中国东盟民间友好组织大会的框架下，积极探索建立推动四川与东盟国家在文化、教育、科技、体育、经贸、旅游等领域的多边和双边交流合作，进一步发挥友好组织的桥梁纽带作用。促进四川与东盟各国地方政

府间的交流合作。推动友好城市建设，四川有 21 个市州都非常愿意和东盟国家建立友好城市和友好合作关系；通过互派青少年访问团，加大留学生互派力度，开展形式多样的人文交流，增进双方青少年的友谊，进一步奠定双方长期友好、长远合作的坚实基础。

2. 进一步加强科技合作

第一，要不断完善科技合作平台。中国与东盟各国均建立了科技合作关系，为推动中国与东盟国家的技术转移和创新合作，自 2013 年开始到 2018 年 8 月，中国与柬埔寨、缅甸、老挝、泰国、印度尼西亚、马来西亚、文莱、越南、菲律宾 9 个东盟国家建立了双边技术转移合作机制。2018 年是"中国—东盟创新年"，到 2018 年，中国—东盟技术转移与创新合作大会已经举办 6 届。前五届会议，共有来自中国和东盟的 49 位科技部门部级官员率代表团出席大会，970 多位东盟嘉宾与会，达成科技合作项目 175 项。科技领域作为当前中国和东盟人文合作的新兴领域，虽已经取得良好的合作效果但是仍不可大意，要抓住机遇使其得到更快速的发展。

第二，不断拓宽科技合作领域。中国和东盟的科技合作要由最初的制造业领域继续不断地向新能源、电子信息、人工智能、生态环保、生物医药等领域延伸，形式上也要包括产品贸易、共建实验室、双方科技人才交流、建设科技园区等，如中国科学院在泰国举办科技巡展，广西中医药大学与泰国清迈大学在艾滋病、阿尔茨海默病等领域进行生物医药合作。中国和东盟的科技合作，不仅有利于双方的经济发展，还有利于增进双方的政治互信。

3. 借助中国—东盟贸易区发展四川—东盟合作

四川—东盟双边贸易发展随着中国—东盟自由贸易区的建立而备受关注。但其发展较为落后，中国—东盟贸易区的建立有助于双方贸易市场的扩大、贸易壁垒的消除、区位优势的提升、合作机会的增加和产业产品优势的增强。在筹建中国—东盟科技合作产业园区这个大框架下，四川要借助与东盟合作机会增加的机遇，以科技合作区建设为契机"走出去"，与东盟各国开展广泛的科技合作活动。可尝试在东盟主要国家建立科技研发区、工业园区、物流园区、工业新城等形式的合作区，也可参与其他发达省份在东盟国家建立科技合作区的活动。科技产业区建设的产业领域要以四川的优势或特色产业、与东盟互补产业及中国—东盟科技合作产业领域为主。这样，以优势、特色、互补及合作产业为依托，通过自建、合建或参建科技合作区的方式，四川可加强与经贸合作区所在国的贸易联系，从而促进双边科技技术和经济贸易的发展。

三、与"一带一路"沿线其他重点国家合作建议

论经济总量和发展空间，毋庸置疑，"一带一路"沿线经济带是我国对外贸易和科技合作的主要组成部分，其具有巨大的增长潜力。因此，践行"一带一路"倡议是应对中美贸易战的有效出路，所以我省甚至我国要继续加大推进"一带一路"倡议力度，开发其他的市场，减少对美国市场的依赖。

（一）围绕优势领域，建设研发合作平台

围绕新能源、现代农业、生物医药等我省优势重点领域，鼓励有条件的科研机构、高等学校和企业与"一带一路"沿线国家的相关机构合作建设联合实验室或联合研究中心、国际科技合作基地等研发合作平台。

1. 建设联合实验室和研究中心

将现有实验室做强、做大，推动中国—新西兰猕猴桃联合实验室、中国—尼泊尔地理联合研究中心等联合实验室和联合研究中心的能力提升；提供科技合作项目支撑，推进前沿共性关键技术研究，聚集和培养优秀科技人才，提升联合实验室和联合研究中心的创新能力和国际影响力；支持中科院与巴基斯坦筹建地球科学联合中心等，实现科研设施共建共享、科研资源互联互通，联合推进关键共性技术的研发，开展科技人才的交流与培养。

2. 培育国际科技合作基地

推进现有国家、省级国际科技合作基地建设。根据发展需要，引导全省国际科技合作基地按照领域进行整合。重点培育与"一带一路"沿线国家共同建设的国际科技合作基地。强化基地、平台、项目和人才的结合，提升国际科技合作基地的示范、带动和辐射作用。

（二）聚焦产业发展，强化科技园区合作

根据"一带一路"沿线国家产业发展需求，推进市场创新资源富集地区、科技优势区域与"一带一路"沿线国家科技园区深入合作。

1. 共建农业科技示范园

建立"一带一路"沿线国家农业技术推广与培训体系，推动现代农业产业合作，支持与"一带一路"沿线国家合作共建农业科技园区，形成产业集群和平台带动效应。支持和引导省内涉农企业在境外建立农产品生产基地和科技示范基地，围绕种植、养殖、深加工、农产品物流等领域加强集成创新与示

范转化。

2. 共建特色国际创新园

以成都高新区、绵阳科技城等省内科技园区为依托，打造一批主体功能突出、外资来源地相对集中的国际科技创新园。着力推进天府新区创新研发产业功能区、攀西战略资源创新开发试验区等创新试验区的建设。为"一带一路"沿线国家开展创新园区建设的提供规划政策咨询和经验共享，交流园区建设经验、模式和理念，促进"一带一路"沿线国家创新园区发展。

（三）川企"走出去"，拓展海外市场

了解"一带一路"沿线国家的产业发展状况和产业政策，结合我省有意愿拓展海外市场的企业情况，发挥对象国家华商优势，科学布局重大科技成果产业化项目，起到双赢甚至多赢的效果。

1. 发挥海外华商的纽带作用

发挥海外华人商会组织与政府部门、会员企业之间的沟通协调作用，助推我省企业"走出去"与"一带一路"沿线国家开展产能合作。

2. 多渠道加强企业对接

破除四川地处中国内陆的思想壁垒，"走出去"开展宣传推介和项目推广，通过在国外举办经贸科技洽谈活动，组织企业现场对接。有针对性地开展海外企业技术人员培训，强化技术、标准输出，以技术优势拓展海外市场。同时构建"一带一路"发展联盟，为川企"走出去"提供一臂之力。

（四）建设信息网络平台，推进技术双向转移

强化科技合作成果转移转化，推进先进、成熟、适用的技术推广应用，开拓海外市场，促进海外先进技术和成果"引进来"、我省先进实用技术和成果"走出去"。

1. 建设技术转移信息网络平台

建立一个立足全省、链接全球的集信息服务、人才支撑、投融资、中介机构为一体的南向技术转移信息网络平台，力争实现"信息流—技术流—资金流—人才流"的有机整合，形成分工明晰、联合协作、功能完善、服务配套的有机服务整体，有效支撑我省与"一带一路"沿线国家合作成果的转移转化。

2. 培育壮大现有技术转移机构

以成都国际技术转移中心、四川西部国际技术转移中心、国家技术转移西

南中心、四川省技术转移中心、中国—欧洲中心等为基础，支持新建、整合我省与"一带一路"沿线国家合作的技术转移机构。

3. 组织和参加技术转移对接活动

组织我省相关机构与"一带一路"沿线国家合作开展专题技术转移对接活动，利用中国西部国际博览会、中国（绵阳）科技城国际科技博览会、中医药现代化国际科技大会等国际重大技术转移大会的作用，建立畅通的技术转移渠道，推进科技成果转移转化。

（五）深化科技人文交流，合力打造国际智能库

围绕研发合作、创新创业合作，加强与"一带一路"沿线国家的科研机构、媒体、智库等科技人员交流，共同培养科技人才，增进科技界的互信和理解。

1. 开展人才技术交流培训

鼓励开展双边、多边科技人员交流活动，建立健全的常态化科技交流机制。鼓励我省产学研机构积极申办发展中国家技术培训班，面向"一带一路"沿线国家的科研人员、技术人员和科技管理人员，广泛开展关于先进适用技术、科技管理与政策、科技评估、科技创业等的培训。

2. 吸引杰出科学家来川工作

综合利用海内外高层次人才引进计划，如"留学人员回国服务四川计划"等重大引才工程，开展"海科会"等招才引智活动，积极引进带项目、技术的创新人才和创新团队来川从事科研教学或创新创业，实现产业、项目与人才的有机结合。

3. 支持海外科技人员创新创业

探索开展技术移民，建设海外人才离岸创新创业基地，实施硕士及其以上外国留学生毕业后直接留川创业就业的优惠政策。鼓励我省高校、科研院所和企业积极参与亚非国家青年科学家来华工作计划，创造适宜的工作环境和条件，吸引境外优秀人才参与我省重大项目和开展创新创业。

四、发达国家合作建议

国际科技合作是在全球面临诸多严峻挑战的背景下开展的，发达国家在全球的科技合作项目中占有较大比重，所以四川省与发达国家的科技合作显得尤为重要。

（一）筛选重点合作领域、确立外方合作原则

发达国家根据自身经济发展的需要和政治目的，从本国利益出发与相关的国家和地区签署合作协议，往往都是利用别国的人才和资源来弥补自身人才和资源的不足，同时又达到增强本国竞争力与控制别国的目的。我国是世界上最大的发展中国家，需要大量的资源和人才，四川省目前的发展也是如此。近年，美国频繁发动贸易战，这在一定程度上对我国及我省的国际合作发展造成了一定的冲击。面对贸易战，我国及我省的许多商品出口都会受限，为此我们要借此机会把握供给侧改革和消费升级的机会，抢占国内市场。同时将出口产品及合作领域进行重新定位和规划，在制定国际合作的政策时，应该考虑多与其他科技发达的国家进行技术合作，与多国开展多角化、多方位的科技合作，从而避免国际合作因一国的影响而受到牵制。同时，在与科技发达国家进行合作时要发挥自身优势并在其中汲取经验，促进四川科技进步和经济发展。此外，四川省在开展国际科技合作时，要培养全球意识，坚决不搞个人主义，通过了解各国的合作情况，筛选出需要合作的重点领域、国别，确定与外方合作的原则，制定相应的合作标准，并对合作过程及成果进行严格把控与管理。

（二）政府加大经费投入，鼓励企业参与合作

近年来，虽然我省投入的国际科技合作经费有所提升，但是与发达地区相比还有很大差距。我省大部分企业与国外跨国公司的规模、性质、经营理念不同，用于研发的资金也不多，用于国外研发的投入更有限。目前，中美贸易摩擦对中国企业科技合作产生了很大的影响，我省不少公司，都有比较明显的出口依赖，面对美国的"阻击"，合作难度在逐渐增加。但是贸易战对我省而言不一定是什么坏事，因为贸易战有助于促进我省企业提升自身竞争力，加紧修炼内功，让科技赋能，从而减少对美国市场的依赖，同时我省也要继续保持与其他发达国家的科技合作，加大政府经费投入，继续出台政策鼓励企业参与国际科技合作，双管齐下把中美贸易战带来的压力作为倒逼转型升级的动力。

（三）改善科技环境，注意智力引进

我省进行国际科技合作的根本目的是使我省的科技水平大幅度提高。人是科技的创造者，引进科研人才是达到这一目的的重要途径。尽管我省在"引智"工作上做了很大努力，如加快建设各种科研平台、提高科研人员的待遇，但是我省整体的科研氛围、科研政策、外语水平等科研软环境与发达国家的城

市存在较大差异，不能吸引一流的人才来工作。受"中兴事件"启示，我省甚至我国要想真正在科技领域占领一席之地就要努力改善科研硬条件和科研软环境，吸引更多科技人才来为我省、我国效力，努力将科技核心技术掌握到自己手中，避免科学技术受制于人，避免下一个"中兴事件"的发生。